Das Wörterbuch für Querdenker

Das Wörterbuch für Querdenker

Definitionen mit Pfiff und Pointe

Gesammelt und herausgegeben
von Ernst Günter Tange

Eichborn Verlag

»Aphoristische Definitionen sind kandierte Früchte vom Baum der Erkenntnis.«

Helmar Nahr

CIP-Kurztitelaufnahme der Deutschen Bibliothek

Tange, Ernst Günter:
Wörterbuch für Querdenker : boshafte Definitionen /
Ernst Günter Tange. – Frankfurt am Main :
Eichborn, 1987.
ISBN 3-8218-1097-1

NE: HST

Umschlaggestaltung: Uwe Gruhle, unter Verwendung einer Zeichnung von Peter Gaymann.
Gesamtherstellung: Fuldaer Verlagsanstalt GmbH. ISBN 3-8218-1097-1.
Verlagsverzeichnis schickt gern: Eichborn Verlag, D-6000 Frankfurt 70

Vorwort

»Bücher, die einem zu fehlen scheinen, muß man selber schreiben«, hat Jean Paul einmal notiert. Ich habe mir diese Aufforderung zu Herzen genommen, denn ich finde, daß es zwar genügend Wörterbücher der philosophischen Begriffe und auch Bonmot-Sammlungen mit eingestreuten aphoristischen Definitionen gibt, aber kein Lexikon, das die besten witzigen, bissigen, ironischen Definitionen aus Literatur und Publizistik zusammenfaßt.

Das erste Ergebnis langjähriger Sammlertätigkeit war »Sag's mit Biß« – das Wörterbuch der boshaften Definitionen. Es fand bei den Lesern soviel Anklang, daß im ersten Jahr nach Erscheinen fünf Auflagen nötig wurden. Der Erfolg ermutigte Autor und Verlag, diesen zweiten Band folgen zu lassen.

Boshafte Definitionen von Dichtern und Philosophen stehen neben solchen von Schauspielern, Journalisten und Kabarettisten. Es sind berühmte Autoren dabei und fast unbekannte – das einzige Kriterium für die Aufnahme in dieses Wörterbuch war die Qualität. Witzig, boshaft, hintersinnig mußten die Definitionen schon sein, wenn sie für würdig befunden werden sollten, in die Sammlung aufgenommen zu werden.

Ein paar Ausnahmen möge man mir verzeihen. Ich fand einige Definitionen, die zwar nicht humorvoll waren, aber so tiefsinnig, daß ich nicht auf sie verzichten mochte.

Ein Autor, den ich besonders liebe, tut sich auch nicht durch besonders witzige Definitionen, sondern durch tiefsinnig-dichterische Metaphern hervor, die in ihrer Schönheit unmittelbar einleuchten: Ramón Gómez de la Serna, ein spanischer Dichter, der seine Metaphern »Greguerías« genannt hat.

»Ohne ein bißchen Bosheit kann man unmöglich witzig sein« – dieser Ausspruch stammt von Macauly. Da fast alle Autoren boshafter Definitionen Männer sind, geht die Bosheit manchmal zu Lasten der Frauen. Und so könnte der Eindruck entstehen, daß derjenige, der solche Definitionen veröffentlicht, frauenfeindlich eingestellt ist. Er ist es mitnichten und meint nur, daß man gelungene Exemplare dieser Art nicht unterschlagen sollte. Wie schrieb schon Hans Weigel? »Wenn jemand sagt: ›Richard III. ist ein Ungeheuer‹, hat er recht. Wenn er sagt: ›Salome ist ein Ungeheuer‹, ist er ein Frauenfeind.«

Die beiden Ausnahmen, die die Regel bestätigen, daß fast nur Männer solche ironischen, oft sarkastischen Definitionen formulieren, sind Marie von Ebner-Eschenbach (1830–1916), österreichische Aphoristikerin und Erzählerin, und Anita Daniel (1902–1982) eine amerikanische Schriftstellerin rumänischer Abstammung.

Die Frauen unter den Lesern dieses Buches möchte ich auffordern, sich an die Arbeit zu machen und zu Papier zu bringen, was ihnen an Definitionen zu Begriffen wie Liebe, Mann, Lebenskunst oder Politik einfällt. Sie sollten endlich das alte Vorurteil Lügen strafen, daß Frauen wenig Sinn für Humor, Satire und Ironie haben.

Wenn die Vaterschaft von Fundstücken, deren Autor nicht festzustellen war, nach der Veröffentlichung geklärt werden kann, wird der Name in späteren Auflagen dieses Buches genannt werden.

Oststeinbek, im August 1986 *Ernst G. Tange*

A

Der größte Aberglaube: der Glaube an die Vorfahrt. *Jacques Tati*

Abkürzung: ein Weg, auf dem man keinen trifft, den man nach dem Weg fragen könnte. *Anonym*

Abrüstung: zwischenstaatliche Übereinkunft, alle veralteten Waffen zu vernichten. *Anonym*

Abschied: die innigste Form menschlichen Zusammenseins. *Hans Kudszus*

Abstinenz: die Kunst, das nicht zu mögen, was man ohnehin nicht kriegt. *Georg Thomalla*

Abstinenzler: Leute, die vom Verzichten nicht genug bekommen können. *Michael Pfleghar*

Leute, die niemals entdecken, was sie versäumt haben. *Marcello Mastroianni*

ein Mensch, der Alkohol lediglich aus Arzneiflaschen trinkt. *Anonym*

Absurdität: eine Meinungsäußerung, die der eigenen Ansicht offenkundig widerspricht. *Ambrose Bierce*

Abteilungsleiter: männlicher Angestellter, der sich seinen Kaffee nicht mehr selbst aufbrühen muß. *Michael Schiff*

Abwesend: den Angriffen von Freunden und Bekannten ausgeliefert, verleumdet, geschmäht. *Ambrose Bierce*

8: die Eieruhr der Zahlen. *Ramón Gómez de la Serna*

Adam: der erste Entwurf für Eva. *Jeanne Moreau*

höchstwahrscheinlich der vorläufig letzte Mensch, der nichts plagiiert hat. *George Bernard Shaw*

Advokaten: die einzigen Leute, bei denen Unkenntnis des Rechts nicht bestraft, sondern belohnt wird. *Jeremy Bentham*

Alkohol: eine Flüssigkeit, in der man alles konservieren kann außer Geheimnissen. *Anonym*

Alberne Spiele: solche, die Ihre Frau / Ihr Mann besser spielt als Sie. *Anonym*

Alimente: jene Einrichtung, bei der einer dafür bezahlt, daß zwei einen Fehler gemacht haben. *Danny Kaye*

Vergnügungssteuern im nachhinein. *Henning Venske*

Alter: Zeitspanne, in der man viele Fehler ablegt, weil man sie nicht mehr braucht. *Anonym*

Altern: in zunehmendem Maße sich überflüssig machen. *Hellmut Walters*

eine schlechte Gewohnheit, die ein beschäftigter Mann gar nicht erst aufkommen läßt. *André Maurois*

George Bernard Shaw

André Maurois

Amerika: die Entwicklung von der Barbarei zur Dekadenz ohne Umweg über die Kultur. *Georges Clemenceau*

ein Land, in dem die Maschinen von den Männern und die Männer von den Frauen beherrscht werden. *Subcha Singh*

ein freies Land, in dem jeder Mann tun kann, was seiner Frau beliebt. *David Philips* eine Nation, die viele sonderbare Erfindungen macht, um irgendwohin zu gelangen, und die dann nicht weiß, was sie tun soll, wenn sie dort angekommen ist. *Will Rogers*

der Erdteil, der aus Versehen entdeckt wurde. *Anonym*

Amme: Talent im Stillen. *Anonym*

Analphabeten: Leute, die des Nichtlesens und Nichtschreibens mächtig sind. *Ralph Boller*

Anarchist: ein Mensch, der das Leben leicht nimmt, wenn es einem anderen gehört. *Anonym*

Anatomie: etwas, das jeder hat, das aber bei Mädchen besser aussieht. *Anonym*

Anekdote: ein Witz, der in Bayreuth aufgetreten ist. *Ralph Boller*

Anerkennung: eine Pflanze, die vorwiegend auf Gräbern wächst. *Robert Lembke*

Anständige Frauen: diejenigen, die noch keiner gefragt hat. *Ovid*

Anständigkeit: die Verschwörung der Unanständigkeit mit dem Schweigen. *George Bernard Shaw*

Anteilnahme: die allseitige Bestätigung der Einsamkeit. *Gottfried Edel*

Antipathie: das Gefühl, das einem der Freund eines Freundes einflößt. *Ambrose Bierce*

Antiquitäten: der Kitsch von vorgestern zu den Preisen von heute. *Jacques Tati*

Apfel: Sündenfallobst. *Hans-Horst Skupy*

Aphorismen: vollendete Sätze. *Hans-Horst Skupy*

Hobelspäne vom Baum der Erkenntnis. *Hanns-Hermann Kersten*

Aphorismus: Indiz dafür, daß jemandem ein Gedanke durchgegangen ist. Durch den Kopf. *Hanns-Hermann Kersten*

ein Sektor, der den Kreis ahnen läßt. *Heinrich Wiesner*

Appetithappen: kleine Leckerbissen, die man so lange in sich hineinstopft, bis einem der Appetit vergeht. *Anonym*

Arbeit: eine so faszinierende Sache, daß ich anderen stundenlang dabei zuschauen könnte. *Jerome K. Jerome*

eine Art Gefängnis. Wie viele schöne Dinge gehen vorbei, die zu sehen sie hindert. *Paul Válery*

eine Sucht, die wie eine Notwendigkeit aussieht. *Peter Altenberg*

das am weitesten verbreitete Rauschgift. *Vic Bartlett*

die Kur, bei der man sich von der Erholung erholt. *Georg Thomalla*

ein Rauschgift, das wie ein Medikament aussieht. *Tennessee Williams*

für die Mehrheit der Menschen die einzige Zerstreuung, die sie auf die Dauer aushalten können. *Dennis Gabor*

Tennessee Williams

Paul Válery

Übertriebener Arbeitseifer: eine Sucht, die man genauso behandeln lassen sollte wie jede andere Form von Süchtigkeit. *Wendell Wyatt*

Arbeitspensum: was geschafft würde, wenn alle mitarbeiteten. *Michael Schiff*

Karl Kraus

Sigismund von Radecki

Arbeitsteilung: der Vorgang, bei dem drei Leute in drei Stunden dasselbe leisten, das bisher ein Mann in einer Stunde geleistet hat.
Cyril Northcote Parkinson

Moderne Architektur: das aus der richtigen Erkennnis einer fehlenden Notwendigkeit erschaffene Überflüssige. *Karl Kraus*

ARD: eine Uhr, in deren Werk kein Rädchen zum anderen paßt, aber deren Zeiger — unbegreiflich für alle — dennoch die richtige Uhr anzeigt. *Edwin Friesch*

Arm: nicht der, der wenig hat, sondern der, der nicht genug bekommen kann. *Jean Guéhenno*

Armbanduhr: die Handfessel der Zeit. *Sigismund von Radecki*

Armee: eine Streitmacht, welche die Fehler der Diplomaten berichtigt.
Josephus Daniles

Arrivierter: einer, der sich jemand zum Rasenmähen nimmt und dann Golf spielen geht, weil er Bewegung braucht. *Anonym*

Arzt: ein freundlicher älterer Herr, der die Patienten während des natürlichen Heilungsprozesses unterhält. *Anonym*

Asketen: Leute, die allem entsagen können außer der Entsagung.
Ralph Boller

Astrologie: eine Form von Aberglauben, die sich anmaßt, Gott in die Karten zu schauen. *Hoimar von Ditfurth*

Astronauten: Männer, die ihren Frauen von ihren Reisen nichts mitbringen müssen. *Robert Lembke*

Atmosphäre: was die gemütliche kleine Weinstube statt frischer Luft bietet. *Anonym*

Aufklärung: jener Vorgang, bei dem sich herausstellt, daß Opa nur halb soviel weiß wie die Enkel. *Giorgio Marconi*

der Vorgang, bei dem der Enkel dem Großvater erklärt, was dieser bei Oswald Kolle nicht verstanden hat. *Georg Thomalla*

Aufrichtigkeit: die verwegenste Form der Tapferkeit. *William S. Maugham*

Ausschuß: eine Gruppe Unvorbereiteter, die von Unwilligen ernannt werden, damit sie Unnötiges tun. *Frederick L. Allen*

Einrichtung, die nur funktioniert, wenn von ihren drei Mitgliedern zwei verreist sind. *Anonym*

beratendes Gremium zur Abwendung echter Entschlüsse. *Michael Schiff*

Außenminister: Touristen auf Staatskosten. *Mogens Glistrup*

Außenpolitik: der Tourismus der wenigen. *Harry T. Baxter*

Austern: ein Gericht, das so miserabel schmeckt, daß es niemand essen würde, wenn es nicht so teuer wäre. *Anonym*

Auto: ein Frack aus Blech. *Rochus Spieker*

Autobahn: Straße, die streckenweise wegen Reparatur der Umleitung für den Verkehr geöffnet ist. *Anonym*

Autobus: Fahrzeug, das immer halb leer ist, wenn es in entgegengesetzter Richtung fährt. *Anonym*

Autofahren: die Kunst, am Montag noch am Leben zu sein.
Heinrich Bertz

Automation: eine wunderbare Sache. Chef und Sekretärin haben jetzt viel mehr Zeit füreinander. *Pierre Dax*

Autor: einer, der aufgrund übereinstimmender Aussagen von Buchhändlern und Verlegern die alleinige Schuld am Mißerfolg eines Buches trägt. *Hans Weigel*

Autoritärer Staat: ein Staat, in dem jeder das tun kann, was er tun muß. *Danny Kaye*

Sichere Autos: Autos, die nicht schneller fahren, als ihr Fahrer denkt.
Robert Lembke

B

B: die Amme des Alphabets. *Ramón Gómez de la Serna*

Baby: ein Magen mit einem Lautsprecher auf der einen Seite und einem Auspuff auf der anderen. *Jerry Lewis*

Bahnhof: eine Art Ersatzheimat der Menschen mit Heimweh.
Silvio Mazzinghi

Bahnwärter: ein Mann, der sich ständig danach sehnt, ein schrankenloses Dasein zu führen. *Anonym*

Balzruf: das Heiratsinserat der Vögel. *Jürgen Herrmann*

Bank: eine Einrichtung, wo man Regenschirme verleiht, wenn es schön ist, und sie zurückfordert, wenn es anfängt zu regnen.
Jerome K. Jerome

Institut, das mit fremdem Geld reich wird. *Michael Schiff*

Bankauszug: ein bequemes Mittel, um festzustellen, wie sehr man über seine Verhältnisse gelebt hat. *Anonym*

Bart: eine Fahne, die man im Gesicht trägt. *Henri Tisot*

Bauchtänzerin: eine Dame, die ihren Beruf an den Nabel gehängt hat. *Werner Mitsch*

Beat: Sauna mit Musik. *Bully Buhlan*

Bedenken: Gewissensbisse im vorhinein. *Hans Clarin*

Bekanntschaft: ein Grad der Freundschaft, den man »flüchtig« nennt, ist ihr Gegenstand arm oder unbekannt, und »intim«, ist er reich und berühmt. *Ambrose Bierce*

Belladonna: im Italienischen eine schöne Frau, in unserer Sprache ein tödliches Gift. Ein schlagendes Beispiel dafür, daß die beiden Sprachen im wesentlichen übereinstimmen. *Ambrose Bierce*

Beredsamkeit: die Kunst, so von den Dingen zu sprechen, daß jedermann gern zuhört. *Blaise Pascal*

Bermuda-Dreieck: wahrscheinlich der dickste Bär, den man uns je aufzubinden versucht hat. *Lawrence Kusche*

Berühmtheit: jemand, der sich freut, daß ihn viele kennen, die er nicht kennenzulernen braucht. *Henry Louis Mencken*

Berufsoffizier: ein Mann, den wir in Friedenszeiten durchfüttern, damit er uns im Krieg an die Front schickt. *Gabriel Laub*

Bescheidenheit: die Kunst, demütig auszusehen, wenn man den Leuten sagt, wie tüchtig man ist. *Lee Jackson*

eine Tugend, die man vor allem an anderen schätzt. *La Rochefoucauld*

die Kunst, andere herausfinden zu lassen, wie wichtig man ist. *Anonym*

Besserwisser: Schlechtermacher. *Paul Hubschmid*

Beständigkeit: oft nur die Furcht, schwach zu erscheinen, wenn man seine Meinung ändert. *Alberto Moravia*

Blaise Pascal

Alberto Moravia

Idealer Bestsellerautor: ein amerikanischer Fernsehstar, der schon zwei Bestseller produziert, die Weltmeisterschaft im Boxen gewonnen, seine Frau und drei Kinder unter Drogeneinfluß umgebracht hat und nun in der Todeszelle schreibt, während er zugleich für das Amt des Präsidenten der USA kandidiert. *Gabriel Laub*

Bestseller-Listen: die Friedhofstafeln von morgen. Was dort oben steht, hat fast nie die Chance zu überleben. *Siegfried Unseld*

Bettler: jemand, der sich auf die Hilfe seiner Freunde verlassen hat. *Ambrose Bierce*

Beweis: eine Aussage, die einen Grad glaubwürdiger ist als die Unwahrheit. *Ambrose Bierce*

Bigamie: eine Möglichkeit, zugleich die Schmutzwäsche der Scheidung und die Last von Unterhaltszahlungen zu vermeiden. *Oliver Herford*

Bigamist: ein Mann, der auch noch andere Fehler zweimal machen wird. *Peter Sellers*

Bikini: kleinste Wichtigkeit zur Verdeckung wichtiger Kleinigkeiten. *Anonym*

Moderner Bildhauer: ein Mann, der einen unbehauenen Klotz aus Stein oder Holz hernimmt und monatelang bearbeitet, bis er aussieht wie ein unbehauener Klotz aus Stein oder Holz. *Anonym*

Bildung: das, was übrig bleibt, wenn der letzte Dollar weg ist. *Mark Twain*

Blume: das Lächeln der Pflanze. *Peter Hille*

Blumenkohl: ganz gewöhnlicher Kohl mit College-Erziehung. *Mark Twain*

Bock: jenes Tier, welches auch als Bier getrunken werden kann. *Wilhelm Busch*

Botschafter: ein Mann, der von der Regierung bezahlt wird, damit er das Land verläßt. *Anonym*

Braut: ein Mädchen, das noch keinen hat, aber schon einen weiß. *Anonym*

Bridge: ein Spiel, das die Gedanken der Damen beschäftigt, während sie reden. *Anonym*

Briefe schreiben: die einzige Möglichkeit, Einsamkeit und Geselligkeit zu verbinden. *Lord Byron*

Wilhelm Busch

Lord Byron

Brille: der Sieg der Neugier über die Eitelkeit. *Robert Lembke*

Buchhändler: einer, der aufgrund übereinstimmender Aussagen von Autoren und Verlegern die alleinige Schuld am Mißerfolg eines Buches trägt. *Hans Weigel*

Buddelschiffe: auf Flaschen gezogenes Fernweh. *Anonym*

Büffelhaut: eine Einrichtung, die dazu dient, den Büffel zusammenzuhalten. *Anonym*

Bündnis: in der internationalen Politik die Vereinigung zweier Diebe, die ihre Hände so tief in den Taschen des anderen stecken haben, daß sie nicht unabhängig voneinander einen dritten ausplündern können. *Ambrose Bierce*

Bürokratie: die Vervielfältigung von Problemen durch Einstellung weiterer Beamter. *Cyril Northcote Parkinson*

Büstenhalter: eine Einrichtung, die oft mehr verspricht, als sie hält. *Anonym*

C

Caddy: Helfer beim Golfspiel, der auch nicht gesehen hat, wohin der Ball geflogen ist. *Anonym*

Callgirl: eine, die sich auszieht, ihr Glück zu machen. *Cedric Dumont*

Casanova: der bekannteste Multi der Erotik. *Henry Miller*

Champagne: eine Gegend, in der es von Sekten wimmelt. *Anonym*

Chaos: jene Ordnung, die man bei der Erschaffung der Welt zerstört hat. *Stanislaw Jerzy Lec*

Charakter: das, was man hat, wenn keiner zuschaut. *Siegfried Lowitz*

die Fähigkeit, sich selbst im Wege zu stehen. *Anonym*

wesentliches Hindernis für den Erfolg im Leben. *Anonym*

Charakterstärke: oft nichts anderes als Gefühlsschwäche.
Arthur Schnitzler

Charme: das, was manche Leute haben, bis sie beginnen, sich darauf zu verlassen. *Simone de Beauvoir*

Arthur Schnitzler

Simone de Beauvoir

Chef: einflußreiche Persönlichkeit im Betrieb, die angenehme Dinge den Arbeitnehmern selbst mitteilt, unangenehme aber durch Dritte mitteilen läßt. *Michael Schiff*

ein Mann, der pünktlich sein muß, nur um sehen zu können, wer unpünktlich ist. *Hans Söhnker*

Chirurg: ein Zeitgenosse, der besonders liebenswürdig mit jenen Nachbarn verkehrt, die den Blinddarm noch haben.
Helmuth M. Backhaus

Chirurgen: die einzigen Menschen, die ohne fremden Blinddarm oder ohne fremde Mandeln nicht leben könnten. *Peter Sellers*

Choleriker: ein Mensch, der um so roher wird, je mehr er kocht.
Anonym

einer, der nach dem Grundsatz lebt: nicht wundern, nur ärgern.
Anonym

CIA: Finanzierungsgesellschaft für Fotosafaris im Ostblock. *Anonym*

Cocktailparty: Gelegenheit, alte Bekannte zu treffen, die man noch nie gesehen hat. *Anonym*

Computer: die neueste technische Errungenschaft zur wirksamen Verzögerung der Büroarbeit. *Cyril Northcote Parkinson*

Conferencier: Mundwerker. *Anonym*

einer, der alte Witze erfindet. *Cedric Dumont*

Covergirl: ein gut ausgezogenes junges Mädchen, mit dem man heiße Umschläge für Illustrierte macht. *Jürgen Scheller*

D

Dackel: ein Tier, das halb so hoch ist wie ein Hund und doppelt so lang. *Anonym*

Dame: eine Frau, die einem Mann in gesellschaftlich einwandfreier Form zu erkennen gibt, wie weit er zu weit gehen darf. *Hans Söhnker*

eine Frau, deren bloße Anwesenheit zur Folge hat, daß sich Männer wie Herren benehmen. *Henry Louis Mencken*

weibliches Wesen, das vielleicht seine Juwelen, niemals aber die Fassung verliert. *Anonym*

eine Frau, die weiß, was sie nicht wissen darf, obwohl sie es weiß. *Jean-Paul Belmondo*

Damenknie: Ansatzpunkt für Männer, die den Drang nach Höherem in sich spüren. *Anonym*

Definition: das Einfassen der Wildnis einer Idee mit einem Wall von Worten. *Samuel Butler*

Dekolleté: die Kunst, soviel zu zeigen, daß noch etwas übrigbleibt. *Ralph Boller* ein Stückchen Stoff, das hinten und vorne nicht reicht, vor allem vorne. *Axel von Ambesser*

das Kunststück, so ausgezogen zu sein, daß man immer noch für angezogen gilt. *Jeanne Moreau*

ein Beweis dafür, daß jede Frau an der richtigen Stelle zu sparen weiß. *Jo Herbst*

jener schmale Grat, auf dem der gute Geschmack balanciert, ohne herunterzufallen. *Coco Chanel*

ein Wink der Zugänglichkeit. *Sacha Guitry*

Demagoge: ein Mann, der einen Kahn zum Schaukeln bringt und jedermann einredet, es sei ein Sturm. *Anonym*

Demagogen: Leute, die das Stroh in den Köpfen anderer Leute dreschen. *Gerhard Bronner*

Dementi: ratenweise Bestätigung durch fortgesetzte Verneinung. *Roger Peyrefitte*

Bestätigung durch Widerspruch. *Michael Schiff*

Demokratie: ein Staat, dessen Souverän man unentwegt anschreien muß, damit er nicht einschläft. *Richard Thoma*

eine Regierungsform, in der jedem die laute Frage erlaubt ist, was das Land unter einer erstklassigen Verwaltung alles leisten könnte. *Anonym*

die schlechteste aller Staatsformen, ausgenommen alle anderen. *Winston Churchill*

Regieren durch Amateure. *Maxwell Anderson*

die Kunst, sich an die Stelle des Volkes zu setzen und ihm feierlich in seinem Namen, aber zum Vorteil einiger guter Hirten, die Wolle abzuscheren. *Romain Rolland*

ein Verfahren, das garantiert, daß wir nicht besser regiert werden, als wir es verdienen. *George Bernard Shaw*

Winston Churchill

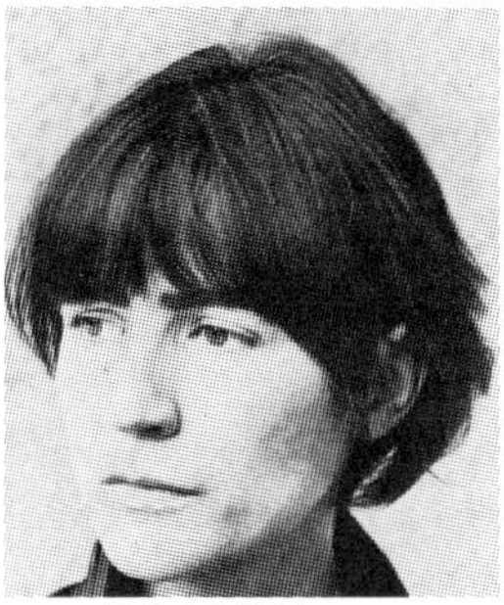
Gabriele Wohmann

wenn einer steuert und ein anderer bremst und trotzdem kein Unfall passiert. *Wolfram Weidner*

die Spielregeln einhalten, auch wenn kein Schiedsrichter zusieht. *Manfred Hausmann*

du sagst, was du möchtest, und tust, was man dir sagt. *Gerald Berry*

Demoskopie: die Kunst, hinterher zu begründen, warum alles ganz anders gekommen ist. *David Frost*

Demoskopin: Pythia mit Computer. *Alberto Sordi*

Denken: eine Befriedigung, die sich im Kopf abspielt. *Gabriele Wohmann*

Denkmäler: gefrorene Geschichte. *Alec Guinness*

eine ständige Erinnerung an das, was ein Volk manchmal gerne vergessen möchte. *Halldor Laxness*

Denkmal: ein lebenslanger Imperativ, der aus zwei Wörtern besteht. *Fritz Grünbaum*

ein Stehplatz, den man von der Geschichte bekommen hat. *Harold Macmillan*

der Beweis dafür, daß man einen Menschen eigentlich schon vergessen hat. *Harold Pinter*

ein berühmter Mann in Marmor oder Bronze, der schutzlos in Wind und Regen steht und den Tauben als Toilette dient. *Peter Sellers*

Deutschland: das einzige Land, in dem man die Kosten Unkosten nennt. *Sandro Paternostro*

das einzige Land, in dem die Schlagersänger so aussehen wie ihre Lieder. *André Heller*

das einzige Land, wo Mangel an politischer Befähigung den Weg zu den höchsten Ehrenämtern sichert. *Carl von Ossietzky*

das Land der unbegrenzten Zumutbarkeiten. *Anonym*

Deutsch sein: eine Sache um ihrer selbst willen übertreiben. *Anonym*

Diagnose: eine der verbreitetsten Krankheiten. *Karl Kraus*

Dichten: ein Brückenschlagen von dem, der schreibt, zu dem, der liest. *Hermann Kasack*

Dichter: Leute, die sich ihre Träume honorieren lassen. Der Rest der Menschheit phantasiert gratis. *Hanns-Hermann Kersten*

einer, der über alles erstaunt ist. *Stéphane Mallarmé*

übles Schimpfwort für einen unbekannten Autor, Ehrenname für einen arrivierten Autor. *Hans Weigel*

Stéphane Mallarmé

Hermann Kasack

Dieb: ein Mann, der etwas findet, was ein anderer nicht verloren hat. *Definition eines Kindes*

Diktatur: ein Staat, in dem jeder tun darf, was er tun muß. *Ralph Boller*

Lawrence Durrell

Curzio Malaparte

Regierung, bei der man in Gefahr gerät, sitzen zu müssen, wenn man nicht hinter ihr stehen will. *Anonym*

jene Regierungsform, in der man zu allem, was nicht erlaubt ist, gezwungen wird. *Anonym*

die kompletteste Form der Eifersucht. Es gibt keinen Diktator, der nicht eifersüchtig auf einen anderen Diktator wäre. *Curzio Malaparte*

Diktaturen: Einbahnstraßen. In Demokratien herrscht Gegenverkehr. *Alberto Moravia*

Dilettanten: die Sonntagsfahrer der Kunst. *Robert Lembke*

Dilettantismus: Liebe zur Kunst ohne Gegenliebe. *Aus den »Fliegenden Blättern«*

Diplomat: ein Mann, der dreimal scharf nachdenkt, bevor er den Mund hält. *Lawrence Durrell*

ein Mann, dem es gelingt, seine Frau davon zu überzeugen, daß ein Pelzmantel dick macht. *Anonym*

ein Mann, der zweimal nachdenkt, bevor er nichts sagt. *Winston Churchill*

ein Mann, der Probleme zu lösen versucht, die andere Diplomaten geschaffen haben. *Anonym*

Diplomatie: die Kunst, jemandem die Kehle durchzuschneiden — ohne Messer. *Anonym* die Fortsetzung des Krieges mit anderen Mitteln. *Anonym*

die patriotische Kunst, im Interesse des eigenen Vaterlandes zu lügen. *Ambrose Bierce*

die Polizei in Galauniform. *Napoleon I.*

Boxkampf mit Glacéhandschuhen, bei dem der Gong durch das Klingen der Sektgläser ersetzt wird. *Georges Pompidou*

das zweitälteste Gewerbe nach dem ersten, das auch einen schlechten Ruf hat. *Frank Roberts*

überreife Konflikte durch faule Kompromisse lösen. *Wolfgang Eschker*

die häßlichsten Dinge auf netteste Art zu sagen. *Isaac Goldberg*

Diplomatische Krankheiten: die einzigen, die man schon vor ihrem Ausbruch bekanntgibt. *Roger Peyrefitte*

Direktor: ein Mann, der die Besucher empfängt, damit die Angestellten ungestört arbeiten können. *Anonym*

Dirigent: ein verkappter Diktator, der sich glücklicherweise mit der Musik begnügt. *Anonym*

Dirigieren: Aerobic mit Musikbegleitung. *Harold Cobb*

eine ausgesprochen gesunde Bewegungstherapie. Nur schade, daß man nicht an der frischen Luft dirigiert. *Karl Böhm*

Diskretion: die außer Mode gekommene Fähigkeit, von sich schweigen zu machen. *Carl Raddatz*

Dompteur: ein Mensch, der im Raubtierkäfig vor den Menschen sicher ist. *George Bernard Shaw*

Don Juan: nicht der Mann, der die Frauen liebt, sondern den die Frauen lieben. *José Ortega y Gasset*

ein Mann, der Frauen beim Fallen behilflich ist. *Anonym*

Doping: der Kunstdünger der menschlichen Leistungskraft. *Werner Schneyder*

Doppelkorn: Flüssigkeit mit zwei Blaumachern. *Anonym*

Dramatiker: Leute, die sich aufführen, als ob sie aufgeführt würden. *Joachim Ringelnatz*

Dramaturg: eine Mischung aus Wünschelrutengänger, Animierdame und Hebamme. *Anonym*

Dreieck: eine nur in der Mathematik harmlose Konstruktion. *Anonym*

Dreiviertel: nichts Halbes und nichts Ganzes. *Anonym*

Dummheit: die sonderbarste aller Krankheiten: Der Kranke leidet niemals unter ihr. Die schmerzhaft leiden, sind die anderen. *Paul Henri Spaak*

ein menschliches Privileg; in der Natur gibt's keine. *Sigismund von Radecki*

Dummkopf: ein Idiot, der keine Karriere gemacht hat. *Gabriel Laub*

Durststrecke: der Weg vom öden Heim in die urgemütliche Stammkneipe. *Anonym*

E

Egoist: ein Mensch, der in seinem eigenen Leben eine zu große Rolle spielt. *Anonym*

ein Mensch, der sich nicht die Mühe macht, seine Haltung zu bemänteln. *Helmar Nahr*

Ehe: eine Gemeinschaft, bestehend aus einem Herrn, einer Herrin und zwei Sklaven, insgesamt zwei Personen. *Ambrose Bierce*

wenn die Frau wünscht, daß ihr Mann den Schlafanzug auszieht, bloß damit sie ihn waschen kann. *Peter Watson* eine Bühne, auf der alle Tage das gleiche Stück gespielt wird. Um so mehr sollten sich die Männer ab und zu einmal eine Neuinszenierung einfallen lassen. *Suzanne Leduc*

eine gerechte Einrichtung: Die Frau muß jeden Tag das Essen kochen und der Mann muß es jeden Tag essen. *Alberto Sordi*

der beste Beweis dafür, daß aus jedem Eroberer im Laufe der Zeit ein Beherrschter wird. *Phil Silvers*

die vielleicht seltsamste Mischung von Biologie und Jurisprudenz. *Kurt Höbel*

jene geschützte Einrichtung, die Liebesglut allmählich in Sodbrennen verwandelt. *Jean Genet*

vielfach nur der Kontrakt, auf dessen Bruch die Unterhaltspflicht als Konventionalstrafe steht. *Karl Jaspers*

legalisierte Einsamkeit zu zweit. *Jean Genet*

eine Einrichtung, die populär ist, weil sie das Maximum der Versuchung mit dem Maximum der Gelegenheit verbindet. *George Bernard Shaw*

das teuerste Verfahren, seine Wäsche umsonst gewaschen zu bekommen. *Franklin P. Jones*

ein Zustand, in dem es zwei Leute weder mit noch ohne einander längere Zeit aushalten können. *Marie von Ebner-Eschenbach*

eine Einrichtung zur Erzeugung gemeinsamer Gewohnheiten. *Tilla Durieux*

ein Versuch, zu zweit wenigstens halb so glücklich zu werden, wie man alleine gewesen ist. *Oscar Wilde*

das einzige Abenteuer, in das sich auch die Feigen stürzen. *Voltaire*

das beste aller Übel. *Daliah Lavi*

eine Institution zum leichteren Ertragen von Leiden, die man nicht erleiden würde, hätte man nicht geheiratet. *Hans Habe*

die bedingungslose Kapitulation des Eroberers. *Vittorio de Sica* die gegenseitige Zärtlichkeit von zwei Schleifsteinen. *Anonym*

das öffentliche Bekenntnis einer streng privaten Absicht. *James C. Dayenhart*

ein Souvenir der Liebe. *Helen Rowland*

das Bündnis zweier Menschen, von denen einer sich niemals an Geburtstage zu erinnern vermag und der andere sie nie vergißt. *Ogden Nash*

eine lange Unterhaltung, unterbrochen durch Dispute. *Robert Louis Stevenson*

Karl Jaspers

Robert Louis Stevenson

Ehefrau: die Steuer, die man für den Luxus bezahlen muß, Kinder zu haben. *Gabriel Laub*

Ehemänner: Gewächse, die eingehen, wenn sie nicht ausgehen. *Ursula Herking*

Ehemann: für manche Frau ein Hometrainer zur Vorbereitung auf Auswärtsstarts. *Rolf Thiele*

Idealer Ehemann: ein Mann, der jedes Wort versteht, das seine Frau nicht gesagt hat. *Alfred Hitchcock*

Ehering: eine Tapferkeitsauszeichnung, die man am Finger trägt. *Noel Coward*

Ehrgeiz: Sehnsucht, die nicht vom Herzen, sondern vom Kopf herkommt. *Anita Daniel*

die letzte Zuflucht des Versagens. *Oscar Wilde*

Eifer: ein Viertel Fleiß, drei Viertel Dummheit. *Anonym*

Eigene Meinung: ein Luxus, den sich nicht viele leisten. *Alfred Polgar*

Eigenliebe: der Beginn einer lebenslangen Romanze. *Oscar Wilde*

Eigensinn: die Willenskraft der Schwachen. *Marie von Ebner-Eschenbach*

Eigentum: das Objekt kurzer menschlicher Raffgier und langer Gleichgültigkeit. *Ambrose Bierce*

Einander kennenlernen: lernen, wie fremd man einander ist. *Christian Morgenstern*

Einbildungskraft: die einzige Waffe im Krieg gegen die Wirklichkeit. *Jules de Gaultier*

Einbruch: kriminelle Form der Selbstbedienung. *Michael Schiff*

Einfachheit: der Mut zum Wesentlichen. *Helmar Nahr*

Einkommensgrenze: die Grenze, die man bei Urlaubsreisen nicht überschreiten sollte. *Anonym*

Einmal: genug. *Ambrose Bierce*

Einschaltquote: der oberste Chef des Fernsehens auf der ganzen Welt. *Harold Birchin*

Eitelkeit: das letzte Kleid, das der Mensch auszieht. *Ernst Bloch*

die Gabe, sich noch wichtiger zu nehmen, als man sich fühlt. *Victor de Kowa*

Elektriker: ein Mann, der Anschluß sucht. *Anonym*

Emanzipation: das Bestreben von Frauen, auf das Niveau von Männern herabzusteigen. *Hanns Dietrich von Seydlitz*

der Fortschritt der Frau vom Vorrecht zur Gleichberechtigung. *Marcello Mastroianni*

Weiberfastmacht *Hans-Horst Skupy*

Engel: Fußgänger, der zu spät zur Seite sprang. *Anonym*

Engländer: der einzige Mensch, der imstande ist, alleine Schlange zu stehen. *Georges Mikes*

England: das ist Regen, Cricket und eine korrekte Menschenschlange. *Pierre Daninos*

Das englische Königshaus: der erfolgreichste Anachronismus der Welt. *Rolf Seelmann-Eggebert*

Entfernung: die einzige Möglichkeit, einige Opernsängerinnen schön zu finden. *Anonym*

Entrüstung: Bekenntnis der Hilflosigkeit. *Walther Rathenau*

Entschuldigung: Höflichkeit, die zu spät kommt. *Anonym*

Entwicklung: ein Taumel von einem Irrtum zum anderen. *Henrik Ibsen*

Erde: ein gebildeter Stern mit sehr viel Wasserspülung. *Erich Kästner*

Henrik Ibsen

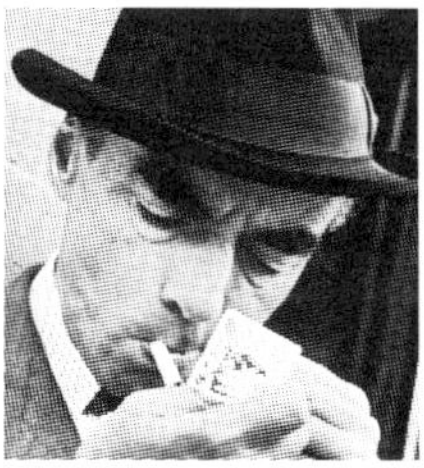
Erich Kästner

Alfred de Musset

der Wartesaal für die Reise ins Jenseits. *Aus den »Fliegenden Blättern«*

Erfahrung: die Fähigkeit, seiner Frau Dinge zu schenken, die sie nicht umtauscht. *Anonym* der Name, den die Menschen ihren Torheiten und Sorgen geben. *Alfred de Musset*

das, was übrigbleibt, wenn alles andere verloren ist. *Anonym*

Erfahrungen: der einzige wahre Reichtum, weil man ihn nicht verlieren, nur verschenken kann – und weil man ihn auch dann behält, wenn man ihn verschenkt. *Hans Habe*

die beste Schutzimpfung gegen Vorteile. *Heinz Hilpert*

die Jahresringe des Menschen. *Paul Hörbiger*

die vernarbten Wunden unserer Dummheit. *John Osborne*

Erfinder: jemand, der Räder, Hebel und Federn sinnreich zusammenbaut und das für Kultur hält. *Ambrose Bierce*

Erfolg: die Kunst, Fehler zu machen, die kein anderer bemerkt. *Martin Jente*

der Ruhm der kleinen Leute. *Marie von Ebner-Eschenbach*

die Kunst, dem Sinnvollen das Rentable vorzuziehen. *Helmar Nahr*

das gefährlichste aller Rauschgifte. *Bill Graham*

Erinnerungen: ein goldener Rahmen, der jedes Bild freundlicher macht. *Carl Zuckmayer*

Wirklichkeiten im Sonntagsanzug. *Oliver Hassencamp*

Wärmflaschen fürs Herz. *Rudolf Fernau*

Erste Liebe: etwas Dummheit und sehr viel Neugierde. *George Bernard Shaw*

Erwachsen: wer auf sich selber nicht mehr hereinfällt. *Heimito von Doderer*

Erwachsene: Mädchen und Jungen, die Pfützen ausweichen. *Anonym*

Erziehen: immun machen gegen das Fernsehen. *Marshall McLuhan*

Erziehung: Zivilschutz gegen den radioaktiven Niederschlag der Medien. *Marshall McLuhan*

bisher eine Kunst; läuft jetzt Gefahr, eine Wissenschaft zu werden. *Alfred Lichtwark*

eine wunderbare Sache, doch es ist gut, von Zeit zu Zeit daran zu denken, daß nichts Wissenswertes gelehrt werden kann. *Oscar Wilde*

die Entwicklung des Gedächtnisses auf Kosten der Phantasie. *Owen Johnson*

wesentlich das Mittel, die Ausnahme zu ruinieren zugunsten der Regel. *Friedrich Nietzsche*

das Verfahren, mit dem man jüngeren Leuten die eigenen Fehler beibringt. *Anonym*

Gute Erziehung: verbergen zu können, wieviel wir von uns selbst halten und wie wenig von den anderen. *Mark Twain*

Essen: eine höchst ungerechte Sache: Jeder Bissen bleibt höchstens zwei Minuten im Mund, zwei Stunden im Magen, aber drei Monate an den Hüften. *Christian Dior*

Establishment: die Gemeinschaft der Hände, die einander andauernd waschen, ohne dadurch sauberer zu werden. *Colin Wilson*

Etatberatungen: die Kunst, Enttäuschungen gleichmäßig zu verteilen. *Maurice Stan*

Ethik: ins Grenzenlose erweiterte Verantwortung gegen alles, was lebt. *Albert Schweitzer*

Experten: Leute, die genau begründen können, warum ihre Prognose nicht stimmte. *Jo Herbst*

Leute, die andere daran hindern, den gesunden Menschenverstand zu gebrauchen. *Hannes Messemer*

der Mann, der ganz genau erklären kann, warum alles ganz anders gekommen ist, als er vorausgesagt hatte. *Walter Winchell*

Exilregierung: status quo in einem Vakuum. *Anonym*

F

Facharzt: ein Arzt, der seinen Patienten beigebracht hat, nur während seiner Sprechzeiten krank zu werden. *Anonym*

Fahnen: Gesinnungstextilien. *Rudolf Rolfs*

Fahrlehrer: Männer, die morgens brünett wegfahren und abends weißhaarig heimkommen. *Peter Frankenfeld*

Fairness: die Kunst, sich in den Haaren zu liegen, ohne die Frisur zu zerstören. *Gerhard Bronner*

Fairplay: das Foul so versteckt machen, daß der Schiedsrichter es nicht sieht. *Dieter Hildebrandt*

Familie: der Betrieb, der das wichtigste Produkt herstellt. *Anonym*

Fanatiker: Leute, die mit einem nicht vorhandenen Kopf durch eine vorhandene Wand rennen wollen. *Martin Held*

einer, der auf seine Kanonen vertraut, gleichgültig, ob sie geladen sind oder nicht. *Franklin P. Johnes*

Faulheit: die Furcht vor bevorstehender Arbeit. *Marcus Tullius Cicero*

Faulpelz: ein Mensch, der nichts so gerne tut wie nichts. *Georg Thomalla*

Faultier: ein Kollege, der noch weniger leistet als man selbst. *Michael Schiff*

Fehler: etwas, was Frauen – im Gegensatz zu Männern – sofort zugeben würden, wenn sie welche hätten. *Anonym*

Feigenblatt: alttestamentarische Modetorheit. *Anonym*

Feigling: ein Mensch mit normal entwickeltem Selbsterhaltungstrieb. *Anonym*

Das ideale Ferienhaus: eines, das Raum für zwölf Gäste, aber nur zwei Schlafgelegenheiten hat. *Anonym*

Fernsehansagerinnen: das einzige Wohnzimmerpersonal, das sich jede Familie leisten kann. *Petra Schürmann*

Fernsehen: die aktive Form des Faulenzens. *Henning Venske*

die Rache des Theaters an der Filmindustrie. *Peter Ustinov*

die Phantasie der Armen. *Wieslaw Brudzinski*

unbewältigter Journalismus. *Guido Baumann*

kein Medium, sondern eine Belästigung. *Walter Koppel*

das Vergnügen, zu bewegten Bildern Nüsse zu knabbern und nicht darauf zu achten, wie viele es sind. *Ugo Tognazzi*

Rundfunk für Phantasielose. *Rudolf Rolfs*

Fernsehgerät: ein neuer Apparat, mit dem man alte Sendungen empfangen kann. *Dick Fenton*

Fernsehpassivität: eine weitverbreitete Leidensform. *Hans-Horst Skupy*

Fernsehunterhaltung: die Kunst, die Spreu vom Weizen zu trennen und dann zu senden. *Robert Lembke*

Fersengeld: die Landeswährung in einer Republik der Junggesellen. *Marisa Mell*

Festhalten: eine bestimmte Reaktion der menschlichen Hand bei Berührung mit Geld. *Ambrose Bierce*

Feuilleton: die Unsterblichkeit eines Tages. *Ludwig Speidel*

Figur: etwas, das jeder hat, das aber bei jungen Mädchen besser aussieht. *Anonym*

Film: die Kunst, mit hübschen Frauen hübsche Sachen anzustellen. *Francois Truffaut* vielleicht die einzige Branche, in der sich mancher als Meister fühlt, bevor seine Lehrzeit überhaupt begonnen hat. *Alfred Hitchcock*

Filmregisseur: eine Mischung von General, Sergeant, Beichtvater, Psychotherapeut, Lokführer, Puffer, Public-Relations-Experte, Wirtschaftsberater – kurz, der einfachste Job der Welt. *Warren Beatty*

Finanzbeamte: Leute, die genau das Doppelte von dem glauben, was man ihnen sagt. *Ugo Tognazzi*

Finanzminister: eine seltsame Personalunion von Milchkuh, Hamster und Kettenhund der Regierung. *Carlo Franchi*

Fisch: Lebewesen, das immer dann auf Urlaub geht, wenn auch die Angler gerade auf Urlaub gehen. *Anonym*

Fliegen: immer weniger von immer mehr sehen. *Anonym*

Fließender Verkehr: ein Zeichen dafür, daß die Polizei gerade anderweitig beschäftigt ist. *Wolfram Weidner*

Flirt: Training für den Ernstfall. *Anonym*

Männer laufen einer Frau nach, die längst hinter ihnen her ist. *Colette*

ein Spiel, bei dem man nicht weiß, ob man noch in der Qualifikation ist oder schon im Finale. *Ernst Stankovski*

die Kunst, von einem Paket nur die Verschnürung zu lösen, ohne hineinzusehen. *Anonym*

Trockenkurs der Liebe. *Anonym*

Flirten: das Kunststück, mit einem blauen Auge davonzukommen, nachdem man in zwei blaue Augen geblickt hat. *Roy Black*

auf Distanz intim werden. *Hellmut Walters*

die Kunst, einen Mann, der einem nahe steht, auf Distanz zu halten. *Sabine Sesselmann*

Flitterwochen: der verzweifelte Versuch, die Liebe in die Ehe hinüberzuretten. *Helmar Nahr*

das, was man heutzutage schon hinter sich hat, wenn man heiratet. *Mary McCarthy*

Flügel: das Instrument, in dem sich die Harfe zum Schlafen niedergelegt hat. *Ramón Gómez de la Serna*

Flugzeug: ein sicheres Verkehrsmittel – wenn man die Autofahrt zum Flugplatz abschafft. *Anonym*

Forschen: sehen, was jeder sieht, und denken, was keiner denkt. *Anonym*

Fortschritt: die Verwirklichung von Utopien. *Oscar Wilde*

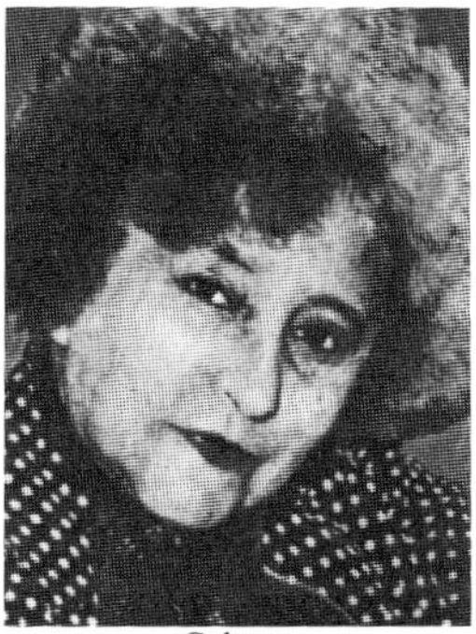

Colette

José Ortega y Gasset

Fragezeichen: das Zeichen der Intelligenz. *Anonym*

Frau: die einzige Mausefalle, die der Maus nachläuft. *George Bernard Shaw*

das einzige Geschenk, das sich selbst verpackt. *Jean-Paul Belmondo*

eine raffinierte Mischung von Brandstifter und Feuerwehr. *Marcel Aymé*

die Beute, die dem Raubtier auflauert. *José Ortega y Gasset*

die Rätselecke in Gottes großer Weltzeitung. *Marcel Achard*

Eine schlechte Frau: die Art Frauen, deren man nie müde wird.
Oscar Wilde

Frau am Steuer: ein Mensch, der alle Verkehrsvorschriften genau befolgt und dafür beschimpft wird, daß er einen Mann behindert, der sie nicht befolgt. *Anonym*

Frauen: die sonderbarsten Geschöpfe: während ihr Widerspruch zunimmt, läßt ihr Widerstand nach. *Karl Schönböck*

Oscar Wilde

A. Schopenhauer

Frauenarzt: der einzige Mann, der wirklich nicht ohne Frauen leben kann. *Arthur Schopenhauer*

Frauenkenner: ein Mann, der nur Frauen kennt, die er besser nicht kennen würde, und von ihnen auf Frauen schließt, die er nie kennen wird. *Anonym*

Frauentränen: die stärkste Wasserkraft der Welt. *Wilson Mizner*

Frauenzimmer: Zimmer, die sich auf Herzklopfen öffnen.
Robert Lembke

Freigebigkeit: oft nur die Eitelkeit des Schenkens. *La Rochefoucauld*

Freiheit: der Sauerstoff der Seele. *Moshe Dayan*

das einzige Ding, das man nicht haben kann, wenn man nicht gewillt ist, es anderen zu geben. *William Allen White* kein Privileg, das verliehen wird, sondern eine Gewohnheit, die erworben werden muß. *Henry George*

die Wahl zwischen Arbeiten und Verhungern. *Samuel Johnson*

dein Recht, Leute zu wählen, die Verbote für dich ausarbeiten. *Anonym*

Freizeit: die Zeit, die man zwischen Wohnung und Arbeitsstätte verbringt. *Anonym*

die Zeit, die man mit Arbeiten zubringt, für die man nicht bezahlt wird. *Anonym*

die Zeit, die eine Mutter hat, um den Haushalt in Ordnung zu halten, wenn die Kinder versorgt sind. *Anonym*

Fremdwörter: die Gastarbeiter der Sprache. *Wolfram Weidner*

Freund: jemand, mit dem man nicht reden muß. *Anonym*

ein Mensch, der immer da ist, wenn man ihn braucht; und der vor allem nicht da ist, wenn man ihn nicht braucht. *Jean Gabin*

einer, der dich durchschaut und trotzdem nicht enttäuscht ist. *Anonym*

wer dir häßliche Dinge ins Gesicht sagt, statt hinter deinem Rücken. *Anonym*

Freunde: Leute, die meine Bücher entleihen und nasse Gläser darauf stellen. *Edwin Arlington Robinson*

Freundlichkeit: eine Sprache, die Taube hören und Blinde lesen können. *Mark Twain*

Freundschaft: so etwas wie Liebe mit Verstand. *Sabine Sauer*

die stillschweigende Übereinkunft zweier Feinde, die für eine gemeinsame Beute arbeiten wollen. *Elbert Hubbard*

ein Regenschirm, der den Fehler hat, daß er bei schlechtem Wetter zurückgegeben werden muß. *Pierre Véron*

Friede: das Meisterstück der Vernunft. *Immanuel Kant*

Freiheit in Ruhe. *Marcus Tullius Cicero*

meist nur ein Waffenstillstand, in dem der Schwächere so lange auf seine Ansprüche verzichtet, bis er eine Gelegenheit findet, sie mit Waffengewalt erneut geltend zu machen.

Luc de Clapiers de Vauvenargues

Friedhof: Versammlungsort für Leute, die glaubten, daß das Leben ohne sie nicht weitergeht. *Anonym*

Ein Friedlicher: einer, der sich totschießen läßt, um zu beweisen, daß der andere der Aggressor gewesen ist. *Ludwig Marcuse*

Frühling: jene herrliche Zeit, in der wir alle ins Freie eilen, um endlich etwas frischen Benzindunst zu atmen. *Carlo Manzoni*

die Jahreszeit, in der die Phantasie junger Männer sich mit Dingen zu beschäftigen beginnt, an die junge Mädchen den ganzen Winter über schon dachten. *Anonym*

die schöne Jahreszeit, in der der Winterschlaf aufhört und die Frühjahrsmüdigkeit anfängt. *Anonym*

Führer: einer, der die anderen unendlich nötig hat.

Antoine de Saint-Exupéry

Furz: Hosenjuchzer. *Abraham a Santa Clara*

Abraham a Santa Clara

Antoine de Saint-Exupéry

Fußgänger: ein glücklicher Autofahrer, der einen Parkplatz gefunden hat. *Joachim Fuchsberger*

jemand, der nicht mehr weiß, wo er seinen Wagen geparkt hat. *Anonym*

ein Verkehrsteilnehmer, bei dem sozusagen Fahrer und Fahrzeug eins sind. *James Pencer*

ein verheirateter Mann, der ein Auto besitzt. *Anonym*

Staubsauger ohne Motor. *Robert Rocca*

Fußnoten: die Hühneraugen der Literatur. *Wolfram Weidner*

Futurologe: einer, der sich vorstellen kann, wie die Zukunft einmal sein wird, sich aber nicht vorstellen kann, daß diese ohne ihn auskommen könnte. *Stanislaw Jerzy Lec*

G

Gärtner: einer, der meint, wenn man etwas hineinsteckt, müsse auch wieder etwas herauskommen. *Anonym*

Gastronom: ein Mensch, der die Welt so sieht, wie sie ißt. *Ludwig Schmidseder*

Gatte: das, was übrigbleibt, wenn man dem Liebhaber den Nerv gezogen hat. *Helen Rowland*

Gedächtnis: ein sonderbares Sieb: es behält alles Gute von uns und alles Üble von den anderen. *Wieslaw Brudzińsky*

eine Schublade, die häufig klemmt. *Anonym*

Gedächtniskünstler: ein Mensch, der die dritte Strophe des Deutschlandliedes auswendig kann. *Anonym*

Gedächtniskünstlerin: Frau, die das wahre Alter einer Rivalin erfahren hat. *Anonym*

Gedächtnisschwund: eine Krankheit, die Psychiater veranlaßt, Vorauszahlungen von ihren Patienten zu verlangen. *Anonym*

Gedichte veröffentlichen: ein Rosenblatt in den Grand Canyon werfen und auf das Echo warten. *Don Marquis*

Geduld: gezähmte Leidenschaft. *Lymann Abbott*

die Kunst, die Ungeduld zu verbergen. *Anonym*

Fähigkeit, die dann, wenn man sie am meisten braucht, erschöpft ist. *Carey MacWilliams*

Geheimhaltung: Methode zur schnellsten Verbreitung betriebsinterner Neuigkeiten. *Michael Schiff*

Gehirn: ein Körperorgan, das im Augenblick der Geburt zu arbeiten beginnt und damit erst aufhört, wenn man aufsteht, um eine Rede zu halten. *Anonym*

Geistreiche Lüge: eine geheime Huldigung an den Menschen, den man angelogen hat. *Sacha Guitry*

Geiz: die Armut der Reichen. *Anonym*

Gelassenheit: eine anmutige Form des Selbstbewußtseins. *Marie von Ebner-Eschenbach*

Geld: die Kreditkarte des kleinen Mannes. *Marshall McLuhan*

das Brecheisen der Macht. *Anonym*

ein sicheres Mittel, um auch verhältnismäßig anständigen Leuten zum Sündenfall zu verhelfen. *Anonym*

der sechste Sinn. Ohne ihn kann man mit den anderen fünf nicht viel anfangen. *William Somerset Maugham*

etwas, das nur kurz in Deiner Tasche haltmacht – auf dem Weg zum Finanzamt. *Anonym*

Gelegenheitskauf: etwas, das Sie nicht brauchen können, zu einem Preis, dem Sie nicht widerstehen können. *Anonym*

Gemüt: die Kraft, aus Bier, Speck und Würsten und dem heimeligen Ort ihres Verzehrs die Aura von Heimat zu destillieren. *Hermann Schweppenhäuser*

Genauigkeit: das Laster, recht zu haben. *Anonym*

Generalist: ein Mensch, dem auch zum speziellsten Thema noch ein Gemeinplatz einfällt. *Lore Lorentz*

Genie: ein Mann, der seiner Frau einreden kann, daß ein Nerzmantel sie dick macht, daß ein Brillantring sie alt macht und daß ein Urlaub in Acapulco ihrem Teint schaden würde. *Georg Thomalla*

ein Mensch, der alles kann – außer Geld verdienen. *Anonym*

ein Mensch, dem etwas Selbstverständliches zum erstenmal einfällt. *Hermann Bahr*

Hermann Bahr

W. Somerset Maugham

Gentleman: ein Mann, der gut verbergen kann, daß er kein Gentleman ist. *Anonym*

ein Mann, in dessen Gesellschaft die Frauen zu blühen beginnen. *Jeanne Moreau*

ein Herr, der sich sogar dann der Zuckerzange bedient, wenn er allein ist. *Alphonse Allais* ein Mensch, der den andern fühlen läßt, daß er auch ein Gentleman ist. *Anonym*

ein Mann, der wenigstens von Zeit zu Zeit so ist, wie er immer sein sollte. *Leigh*

ein Herr, der eine Frau so lange beschützt, bis er mit ihr allein ist. *Anonym*

ein Mann, der sich wenigstens vorstellt, bevor er einem nachstellt. *Marisa Mell*

ein Mann, der die Figur einer Dame beschreiben kann, ohne die Hände zu benutzen. *Anonym*

ein Mann, der die Gedanken einer Frau errät und sie trotzdem nicht heimbegleitet. *John Barrymore*

ein Mann, der seiner Frau die Hoteltür öffnet, damit sie das Gepäck in die Halle tragen kann. *Peter Ustinov*

ein Mann, der wenigstens nicht mit den Damen flirtet, wenn er sie im Bus stehen läßt. *Fritz Muliar*

ein Mann, der einer Frau gegenüber nicht aus dem Rahmen fällt, auch wenn er über sie im Bilde ist. *Werner Finck*

ein Mann, der sich nur ein Geschenk im Laufe der Zeit zurückholt – den Lippenstift. *Mylène Demongeot*

ein Mann, der einer Frau auch dann beim Aufstehen behilflich ist, wenn er sie selbst zu Fall gebracht hat. *Alec Guinness*

Gentleman Agreement: ein schriftlich nicht fixiertes wechselseitig gegebenes Versprechen, das man bricht in der Hoffnung, daß der andere es halten werde. *Harold Pinter*

Gerechtigkeit: keine billige Sache auf dem Gericht. *Rudolf Rolfs*

Germanisten: Schar von an Universitäten eifrig tätigen Professoren und Dozenten, welche Studenten ausbilden, die auch nichts von Literatur verstehen. *Hans Weigel*

Germanistische Seminare: die Katakomben der deutschen Literatur. *Theodor Fontane*

Geschäft: die Kunst, von einem anderen Geld herauszuschlagen, ohne zu Gewaltmitteln Zuflucht zu nehmen. *Max Amsterdam*

Geschichte: der beste Lehrmeister mit den unaufmerksamsten Schülern. *Indira Gandhi*

das Muster, das man hinterher in das Chaos webt. *Carlo Levi*

ein Drehbuch von miserabler Qualität. *Norman Mailer*

die Wissenschaft von dem, was nicht zweimal vorkommt. *Paul Valéry*

eine Gruft, in der man auch dann verschwinden kann, wenn man noch lebt. *Michael Laplante*

die Addition von Zufällen. *Werner Höfer*

Geschichtsschreibung: die Unfallchronik der Menschheit. *Talleyrand*

Geschwindigkeitsbegrenzungen: für viele männliche Autofahrer so etwas wie eine amtlich verfügte Potenzminderung. *Silvia Mingotti*

Gesetz: eine Reuse für die kleinen Fische. *Anonym*

ein Spinnengewebe – es stört die Ratte nicht, der Fliege aber wird es zum Verhängnis. *Anonym*

Gesicht: das Schaufenster des Gehirns. Allerdings bestehen die meisten Auslagen nur aus Imitationen. *Gerhard Uhlenbruck*

Gesichter: die Lesebücher des Lebens. *Federico Fellini*

Gesunder Menschenverstand: eigentlich nur eine Anhäufung von Vorurteilen, die man bis zum 18. Lebensjahr erworben hat. *Albert Einstein*

Gesundheit: etwas, das Leute verlieren, während sie darauf trinken. *Anonym*

Gesundheitsamt: staatliche Einrichtung, die sich ausschließlich mit Krankheiten abgibt. *Anonym*

Gewalt: das Problem, als dessen Lösung sie sich ausgibt. *Friedrich Hacker*

Gewissen: das Wissen des Unterbewußtseins. *Hans-Horst Skupy*

die Stimme des Staatsanwalts in uns. *Anonym*

die leise innere Stimme, die dir zuflüstert, was die anderen tun sollten. *Anonym*

Schwiegermutter auf Dauerbesuch. *Anonym*

die innere Stimme, die uns warnt, weil jemand zuschauen könnte. *Henry Louis Mencken*

der elastische Stoff; heut' kann man's kaum über Maulwurfshügel spannen, morgen deckt man ganze Berge damit zu. *Johann Nestroy*

jene innere Stimme, die uns zwar nicht abhält, etwas zu tun, aber das Vergnügen erheblich stört. *Marcel Achard*

Gewissensbisse: Erinnerungen an das, was man eigentlich vergessen wollte. *Bernhard Wicki*

Gewissenserforschung: Spionage bei sich selbst. *Jerome K. Jerome*

Gewohnheit: einen bestimmten Platz für jede Sache haben und sie niemals dort aufbewahren. *Mark Twain*

Gewohnheiten: Vorgesetzte, die man nicht bemerkt. *Hannes Messemer*

die Eisenbahnschienen der Menschen. *Gustav Knuth*

anfangs Spinnweben, später Drahtseile. *Spanisches Sprichwort*

Giraffe: ein Periskop, mit dem man die Horizonte der Wüste wahrnimmt. *Ramón Gómez de la Serna*

Glatze: der beste Schutz gegen Haarausfall. *Telly Savalas*

Glaube: so etwas wie Liebe – er beruht nicht auf Gründen, sondern auf Tatsachen. *Anonym* eine Art von sechstem Sinn, der wirksam wird, wenn die Vernunft versagt. *Mahatma Gandhi*

Gleichgültig: stark genug, das anderen Menschen aufgebürdete Los ertragen zu können. *Ambrose Bierce*

Gleichgültigkeit: etwas, das man von anderen mit Zinsen zurückbekommt. *Jürgen von Hollander*

Johann Nestroy

Mark Twain

Ambrose Bierce

Gleichheit: das durch die Verfassung garantierte Recht der Reichen und Armen, in Champagner zu baden und den Winter an der Riviera verbringen zu dürfen. *Leo C. Rosten*

Glück: wenn man zusieht, wie die Zeit vergeht, und davon überzeugt ist, daß sie für einen arbeitet. *Werner Schneyder*

Gesundheit der Seele. *Hans Lohberger*

das mögen, was man muß, und das dürfen, was man mag. *Hans Clarin*

das Pech, das wir nicht haben. *Anonym*

immer das, was man dafür hält. *Ingrid Bergman*

meistens etwas, das man schon hinter sich gelassen hat; man erkennt es erst im Rückspiegel. *Hannelore Schroth*

sich kratzen können, wo es einen juckt. *Ogden Nash*

der Zustand, den man nicht spürt. *Kurt Tucholsky*

ein hübsches Bankkonto, eine gute Köchin und eine tadellose Verdauung. *Jean-Jacques Rousseau*

Gott: ein Zeuge, den man nicht vereidigen kann. *Samuel Beckett*

Jean-Jacques Rousseau

Samuel Beckett

Gott finden: aufhören, ihn zu suchen. *Elazar Benyoetz*

Grabreden: Leichenschmus. *Georg Kreisler*

Gräten: die Rache des Fisches. *Anonym*

Greisenalter: eine zweite Kindheit minus Lebertran. *Mark Twain*

Großstadt: ein Warenlager von Geräuschen. *Max Picard*

Großwildjagd: eine Gelegenheit für große Tiere, große Böcke zu schießen. *Anonym*

Grotte: das Gähnen des Gebirges. *Ramón Gomez de la Serna*

Grünes Licht: ein Mittel, mit dem Fußgänger sicher bis zur Mitte der Fahrbahn gelangen. *Anonym*

Grüne Witwen: Hinterbliebene von Männern, die noch leben. *Senta Berger*

Grundlage: das Fundament der Basis. *Le Corbusier*

Grundsätze: ein Korsett, das mit der Zeit immer enger wird.
Victor de Kowa

Grundsatz: oft nur die bibliophile Ausgabe eines Vorurteils.
Boy Gobert

Gruppensex: Kreisverkehr ohne Fahrzeuge. *Oliver Hassencamp*

Gruppensex in Schottland: ein Ehepaar vorm Spiegel. *Anonym*

Gürtellinie: eine fließende Grenze, die von Generation zu Generation neu definiert werden muß. *Jürgen von der Lippe*

Güte: wenn man das leise tut, was die anderen laut sagen.
Friedl Beutelrock

Guillotine: der von der französischen Revolution erfundene Rasierapparat. *Ramón Gómez de la Serna*

der bisher erfolgreichste Versuch, den Scheintod zu vermeiden.
Robert Michaud

Guter Geschmack: die Fähigkeit, fortwährend der Übertreibung entgegenzuwirken. *Hugo von Hofmannsthal*

Guter Verlierer: ein ungewählter Politiker, der sich trotzdem gewählt ausdrückt. *Ernst Schröder*

Guter Vorsatz: meistens ein Startschuß, dem kein Rennen folgt.
Siegfried Lowitz

Gutes Gedächtnis: ein Fluch, der einem Segen ähnlich sieht.
Harold Pinter

Gute Vorsätze: Schecks, auf eine Bank ausgestellt, bei der man kein Konto hat. *Oscar Wilde*

H

Häftling: einer, der sitzt, weil er gestanden hat. *Anonym*

Handel: Methode, von der Handelsspanne besser zu leben als von der Herstellung. *Michael Schiff*

Happy-End: es besteht bei manchen Filmen einfach darin, daß sie zu Ende sind. *Anonym*

Hausarbeit: etwas, das man tut, ohne daß es einer merkt, bis man es nicht mehr tut. *Anonym*

Haushaltsabrechnung: ein methodischer Weg zur Feststellung der traurigen Tatsache, daß mit dem Einkommen kein Auskommen ist. *Anonym*

Heide: ein Gläubiger, der in der falschen Stadt wohnt. *Anonym*

Heiliger: postumer Karrieremacher. *Anonym*

ein toter Sünder, überarbeitet und neu herausgegeben. *Ambrose Bierce*

Heimkinder: Kinder, die kein richtiges Heim haben. *Werner Mitsch*

Heirat: die einzige lebenslängliche Verurteilung, bei der man auf Grund schlechter Führung begnadigt werden kann. *Alfred Hitchcock*

Heiraten: eine wunderbare Sache, solange es nicht zur Gewohnheit wird. *William Somerset Maugham*

Nachtigallen zu Hausvögeln machen. *Christian Dietrich Grabbe*

Heiratsurkunde: ein Führerschein, den man vor der Fahrprüfung erhält. *Wolfram Weidner*

Held: einer, der fünf Minuten länger tapfer ist als der gewöhnliche Mann. *Ralph Waldo Emerson*

Christian Dietrich Grabbe

Ralph Waldo Emerson

Helden: jene Toren, die für andere die Kastanien aus dem Feuer holen. *Anonym*

Hellseher: eine Person – meist weiblichen Geschlechts –, die zu sehen vermag, was ihrem Kunden verborgen bleibt: daß er ein Schwachkopf ist. *Ambrose Bierce*

Herr: wer noch nicht weiß, wessen Knecht er ist. *Hellmut Walters*

Herrenabend: Beisammensein, bei dem man sich nicht wie ein Herr benehmen muß. *Anonym*

Herz: die schwache Seite des Kopfes. *Aus den »Fliegenden Blättern«*

eine Pumpe, die man sich neuerdings pumpen kann. *Anonym*

Heucheln: dem Charakter ein sauberes Hemd überziehen. *Ambrose Bierce*

Hexenschuß: eine der besten arbeitssparenden Einrichtungen für Männer. *Anonym*

Highlife: Vortäuschung von Lebenskunst mittels Geld. *Oliver Hassencamp*

Historiker: ein Mann, der heute die Dinge von gestern kommen sieht, von denen er vorgestern noch keine Ahnung hatte. *Anonym*

Anwälte, die erst plädieren, wenn ihr Klient schon gestorben ist. *Harold Macmillian*

Hobby: harte Arbeit, die niemand täte, wenn sie sein Beruf wäre. *Günther Schramm*

Hobbys: Steckenpferde, die den Reitern die Sporen geben. *Heinz Rühmann*

Hochzeit: der Austausch von Ringen an den Fingern in Erwartung von Ringen unter den Augen. *Ralph Boller*

Hochzeitsreise: der erste Versuch, der Ehe-Realität zu entgehen. *August Strindberg*

Hochzeitstag: der Tag zwischen »dürfen« und »müssen«. *Anonym*

Höflichkeit: Umgangsform, deren sich kultivierte Menschen befleißigen, wenn sie Zeit haben. *Anonym*

der Versuch, die anderen so zu sehen, wie sie nicht sind. *Victor de Kowa*

eine lobenswerte Eigenschaft, die nichts kostet – höchstens einmal den Sitzplatz in einer überfüllten Straßenbahn. *Carl Zuckmayer*

das Bestreben, anderen gefallen zu wollen. *Charles de Montesquieu*

August Strindberg

Carl Zuckmayer

Hölle: ein Ort, wo die Franzosen die Mechaniker, die Engländer die Köche, die Deutschen die Polizisten, die Russen die Historiker und die Amerikaner die Liebhaber sind. *Herald Tribune International*

ein Ort, an dem die Engländer kochen, die Italiener Lastwagen bewachen und die Deutschen Fernsehunterhaltung machen. *Robert Lembke*

das sind die andern. *Jean-Paul Sartre*

Hoffnung: ein Mittelding zwischen Flügel und Fallschirm. *Tilla Durieux*

ein gutes Frühstück, ein schlechtes Abendessen. *Francis Bacon*

vertagte Verzweiflung. *Henning Harmssen*

Holland: ein Land, in dem auch die Katholiken Protestanten sind. *Hendrik Thijs*

Hollywood: der einzige Ort, an dem man einen Ehemann schon nach fünf Minuten um die Hand seiner Frau bitten darf, ohne daß man deshalb für ungeduldig gehalten wird. *Steve McQueen*

Jean-Paul Sartre

Francis Bacon

Hollywood-Diva: eine Dame, die Trauringe mit Mengenrabatt kauft. *Steve Webster*

Hollywood-Schauspielerin: eine Dame, die nicht gern zweimal mit dem gleichen Ehemann gesehen werden will. *Anonym*

Wilhelm Raabe

Jean Paul

Ernst Kreuder

Horoskop: Religionsersatz, denn wer Religion hat, dem sind die Sterne schnuppe. *Sigismund von Radecki*

Humor: der Schwimmgürtel auf dem Strom des Lebens. *Wilhelm Raabe*

was man nicht hat, sobald man es definiert. *Rudolf Presber*

überwundenes Leiden an der Welt. *Jean Paul*

der Versuch, sich selbst nicht ununterbrochen wichtig zu nehmen. *Ernst Kreuder*

die Fähigkeit, heiter zu bleiben, wenn es ernst wird. *Ernst Penzoldt*

ein Element, das dem deutschen Menschen abhanden gekommen ist. *Kurt Tucholsky*

Humorist: einer, dem weniger lustig zumute ist als den anderen. *Hans Weigel*

ein Mann mit gutem Gedächtnis, der darauf vertraut, daß die andern gar keins haben. *Anonym*

Hund: ein von Flöhen bewohnter Organismus, der bellt. *Gottfried Wilhelm Freiherr von Leibniz*

Hupe: Erfindung, um Fußgängern wenigstens eine kleine Chance zu geben. *Anonym*

Husten: etwas, wofür du nichts kannst, was jeder andere aber nur tut, um dich zu ärgern. *Anonym*

I

i: der kleine Finger des Alphabets. *Ramón Gómez de la Serna*

Ideale Liebesaffäre: eine Liaison per Post. *George Bernard Shaw*

Idealer Ehemann: der erste Mann der Witwe, die man geheiratet hat. *Michel Placidi*

Idealismus: ein Vogel, dessen Flügel täglich gestutzt werden, aber immer wieder nachwachsen. *Carlo Volpi*

Idealist: ein Mann, dessen Liebe zum Geld unerwidert bleibt. *Thaddäus Troll*

ein Mann, der aus der Tatsache, daß die Rose besser riecht als der Kohl, darauf schließt, eine Suppe aus Rosen müsse auch besser schmecken. *Ernest Hemingway*

Idee: ein fremder Einfall, den man für seinen eigenen ausgibt. *Michael Schiff*

Ideologen: scharfe Denker, die sich durch Tatsachen nicht beirren lassen. *Carlo Franchi*

Idiot: der Fahrer des Autos vor dir. *Anonym*

Idioten: eine weise Einrichtung der Natur, die es den Dummköpfen erlaubt, sich für klug zu halten. *Orson Welles*

Illusionen: eine Sache, die ein Mann gleichzeitig mit seinen Haaren und Zähnen verliert. *Anonym*

vielversprechende Kinder, die es zu nichts bringen. *Wolfram Weidner*

Image: ein Spiegelbild, das meist schöner ist als das Original. *Anonym* das, woran man schließlich selber glaubt. *Anonym*

der Etikettenschwindel der Menschen. *Wolfgang Gruner*

die Kunst, jemandem ein Gesicht zu geben, der höchstens eine Visage hat. *Ralph Boller*

ein Bild, dem man immer ähnlicher werden muß. *Peter Sellers*

eine leichtverderbliche Ware. Zum alsbaldigen Verbrauch bestimmt. *Charles Wilp*

ein Maßanzug, den man sich nach den Maßen der öffentlich-rechtlichen Meinung anfertigen läßt. *Peter Sellers*

ein geborgtes Gesicht. *Thornton Wilder*

Improvisation: die Kunst, etwas Unbeabsichtigtes gut vorzubereiten. *Willy Millowitsch*

die Kunst, ohne Anlauf durch den Stegreif zu springen. *Georg Thomalla*

Indiskretion: etwas, auf das man sich nur bei den wenigsten Frauen nicht verlassen kann. *Oscar Wilde*

Inflation: Armut mit viel Geld in der Tasche. *Anonym*

wenn jeder zuwenig Geld hat, weil alle zusammen zuviel Geld haben. *Anonym*

Inkonsequenz: Flexibilität bei anderen. *Anonym*

In-sich-gehen: die unbequemste Art der Fortbewegung. *Robert Lembke*

Intellektuelle: Leute, die über Bücher reden, die andere Leute geschrieben haben. (Leute, die Bücher schreiben, sind selten intellektuell.) *Françoise Sagan*

Intellektueller: ein Mensch, der so klug ist, daß er das Offenkundige nicht begreifen kann. *Anonym*

wer bei Puschkin nicht zuerst daran denkt, was harte Männer trinken. *Anonym*

Intelligenz: die Eigenschaft, die ein Mann bei einem Mädchen sucht – nachdem er alles andere schon gefunden hat. *Robert Lembke*

jene Eigenschaft des Geistes, dank derer wir schließlich begreifen, daß alles unbegreiflich ist. *Emile Picard*

Interessenkollision: wenn eine Bank einem Antibabypillen-Hersteller und einem Kinderwagenfabrikanten gleichzeitig Kredit gewährt. *Anonym*

Internationaler Krisenherd: eine Feuerstelle, bei der die einen die Kohlen liefern, die anderen die Zugluft. *Carlo Franchi*

Interviewpartner: ein Fremdenführer durch uns selbst. *Alfred Polgar*

Intrigant: ein Mensch, der keineswegs alle Gerüchte glaubt, aber alle Gerüchte weitererzählt. *Jacques Baumel*

Intuition: Intelligenz mit überhöhter Geschwindigkeit. *Tempo, Italien*

die Fähigkeit, aus nicht vorhandenen Fakten falsche Schlüsse zu ziehen. *Anonym*

das Gefühl, das einer Frau sagt, sie sei im Recht, auch wenn sie es nicht ist. *Anonym*

Irlandkunde: ein der Psychiatrie nahe verwandtes Fach. *Edward T. Henderson*

Ironie: die letzte Phase der Enttäuschung *Anatole France*

Françoise Sagan

Anatole France

Italien: ein Land, in dem es im Schatten mehr Sonnenschein gibt als in England unter wolkenlosem Himmel. *Italienisches Reisebüro in England*

fünfzig Millionen Schauspieler. Die schlechtesten von ihnen stehen auf der Bühne. *Orson Welles*

ein Staat, der nur noch so tut, als sei er ein Staat. *George Campbell*

ein Streikparadies, gestört durch Arbeit. *Carlo Franchi*

Italiener: ein Gran Turismo des Flirts, aber kein Serienwagen der Leidenschaft. *Maud Baynham*

Italienisch: eine Gebärdensprache, deren Verständnis durch Worte erschwert wird. *Anthony Quinn*

J

Jagdtrophäen: Ersatzorden, die man sich selber gibt. *Edwin Ringel*

Jeans: Kleidungsstück, das nicht noch strammer sitzen könnte, es sei denn, man ersetzte es durch Lack aus der Sprühdose. *Anonym*

Jeep: ein Cocktailshaker mit fünf Gängen. *Anonym*

Jet-set: die Leute, die keine Freude kennen und deshalb höchstens bis zum Amüsement gelangen. *Tennessee Williams*

den Mittelpunkt, der man nicht ist, mimen in einer Welt, die es nicht gibt. *Oliver Hassencamp*

die Leute, die immer vor dem Problem stehen: Party oder Ferien. *Jimmy Durante*

die Leute, die ständig Urlaub vom Urlaub machen. *Salvador Dali*

Jockeis: Reiter, die manchmal früher über ein Hindernis kommen als das Pferd. *Danny Kaye*

Journalismus: anderen erklären, was man selber nicht versteht.
Lord Northcliffe

Journalist: lästiger Fragesteller, dem man mit belegten Brötchen den Mund stopft. *Michael Schiff*

Journalisten: Menschen, die in einem anderen Beruf mit weniger Arbeit mehr Geld verdient hätten. *Robert Lembke*

Menschen, die zum Frühstück dicke Schlagzeilen schlürfen.
Anonym

Jubiläum: ein Datum, an dem eine Null für eine Null von mehreren Nullen geehrt wird. *Peter Ustinov*

Jugend: eine wunderbare Sache. Wie schade, daß sie an die Kinder verschwendet wird. *George Bernard Shaw*

die Jahreszeit der Hoffnung. *Sprichwort*

Wahre Jugend: eine Eigenschaft, die sich nur mit den Jahren erwerben läßt. *Jean Cocteau*

Jungfräulichkeit: etwas sehr Kostbares, das alle Mädchen verlieren möchten. *William Somerset Maugham*

Jungfrau: etwas sehr Schönes – vorausgesetzt, sie bleibt es nicht.
Joachim Ringelnatz

eine Ungetraute, die sich nie getraut hat. *Anonym*

Joachim Ringelnatz

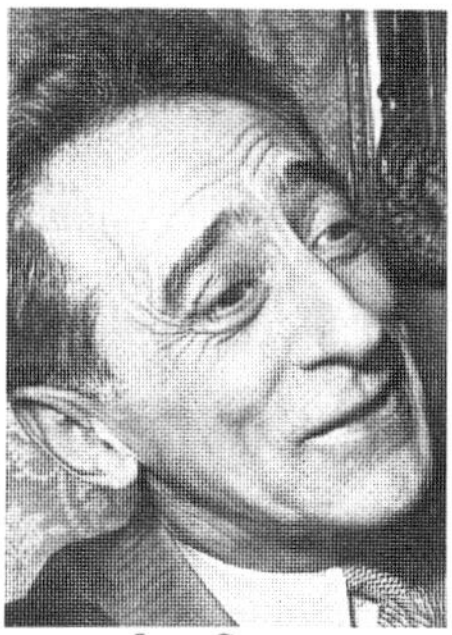

Jean Cocteau

Junggeselle: ein Mann, der eine Frau lieber im Kopf als am Hals hat. *Anonym*

ein Mann, der sich lieber besteuern als steuern läßt. *Mario Adorf*

ein Mann, der nicht gleich ein Bergwerk kauft, wenn er einen Eimer Kohle haben möchte. *Peter Sellers*

ein Mann, der einen Haupttreffer machen will, indem er kein Los erwirbt. *Iska Geri*

ein Mann, der lieber Socken stopft als Mäuler. *Mario Adorf*

ein Mann, der seine Ringe unter den Augen trägt. *Willy Reichert*

Absprung-Artist. *Anonym*

ein Mann, der seine Frau nie belügt. *Anonym*

ein Mann, der noch über Schwiegermutterwitze lachen kann. *Anonym*

ein Mann, der sein Ziel erreicht, ohne dort zu verweilen. *Alberto Sordi*

ein Mann, der nicht gleich eine Farm kauft, wenn er ein Hühnerei braucht. *Peter Frankenfeld*

ein Mann, der lieber mehreren Frauen untreu als einer einzigen treu ist. *Edith Hancke*

der einzige Mann, der vor seiner Frau keine Geheimnisse hat. *Anonym*

Junggesellen: Männer, die nicht davon überzeugt sind, daß eine Mark doppelt soviel wert ist, wenn sie durch zwei geteilt wird. *Mario Adorf*

Reservisten, die schwer aus ihrer Reserve herauszulocken sind. *Ellen Keßler*

Männer, die nur halb aufs Ganze gehen. *Tatjana Sais*

Männer, die wissen, wie klein die Chance ist, daß man in einer Auster eine Perle findet. *Bill Slater*

Männer, die kneifen, sobald sie gekniffen haben. *Lotte Ledl*

Männer, die lieber Parkgebühren zahlen als eine Garage bauen. *Gina Crespi*

Männer mit einer Allergie am Ringfinger. *Lutz Löhndorf*

Männer, die gern verheiratet wären, aber nicht ständig. *Helen Vita*

Junggesellin: eine Frau, die einmal zu oft nein gesagt hat. *Inge Meysel*

K

Kabarettisten: geistreiche Leute mit Niedertrachten-Look. *Victor de Kowa*

Kabeljau: ein aus Scheiben gemachter Fisch. *Ramón Gómez de la Serna*

Känguruh: Wappentier der Finanzminister; macht auch mit leerem Beutel große Sprünge. *Anonym*

Kamel: ein Pferd, zu dem ein persönlicher Referent einen Entwurf gemacht hat. *Horst Ehmke*

Kannibale: wer ißt, was er ist. *Anonym*

Kannibalen: Leute, die andere Leute zum Fressen gern haben. *Georg Thomalla*

Kapitalist: ein Mann, der hauptsächlich in seiner Freizeit Geld verdient. *Aneurin Bevan*

Karat: weibliche Meßeinheit zur Beurteilung der Zuneigung eines Mannes. *Anonym*

Karneval: der stets mißglückende Versuch des Spießers, das Unerlaubte in seine Moral einzubeziehen. *Siegmund Graff*

Karriere: ein Pferd, das auch gute Reiter zuweilen abwirft. *Anonym*

Kassenmagnet: ein Star, der für einen Film den ganzen Profit, drei Cadillacs und die Frau des Produzenten verlangt – und der all das auch bekommt. *Billy Wilder*

Kassenpatient: Person, die auch mit billigen Medikamenten wieder gesund wird. *Michael Schiff*

Katze: das einzige vierbeinige Tier, das dem Menschen eingeredet hat, er müsse es erhalten, es brauche aber dafür nichts zu tun. *Kurt Tucholsky*

Miniaturlöwe, der Mäuse mag, Hunde nicht leiden kann und den Menschen toleriert. *Anonym*

Kaugummi: die einzige Entschuldigung der Amerikaner für ihr schlechtes Englisch. *Ralph Boller*

Kavalier: einer, der eine Frau vor allen Männern beschützen will – sich selber ausgenommen. *Anonym*

ein Mannsbild, das nicht aus dem Rahmen fällt. *Elfie Pertramer*

ein Mann, der sich den Geburtstag seiner Frau gemerkt und ihr Alter vergessen hat. *Anonym*

Kegeln: die Kunst, einen Umsturz zu machen, indem man eine ruhige Kugel schiebt. *Jürgen von Manger*

Ketzer: Leute, die so lange verfolgt werden, bis man ihnen folgt. *Henry de Montherlant*

Keuschheit: ebensowenig eine Tugend wie Unterernährung. *Alexander Comfort*

Kind: eine sichtbar gewordene Liebe. *Novalis*

Kinder: das einzige, was in einem modernen Haushalt noch mit der Hand gewaschen werden muß. *Anonym*

kleine Wesen, die sich nicht so benehmen dürfen wie ihre Eltern im gleichen Alter. *Anonym*

ein Trost im Alter und ein Mittel, es rascher zu erreichen. *Anonym*

Henry de Montherlant

Novalis

Georg Christoph Lichtenberg

Kindheit: jene herrliche Zeit, in der man dem Bruder zum Geburtstag die Masern geschenkt hat. *Peter Ustinov*

Kinderwagen: der Spaß vom letzten Jahr auf Rädern. *Robert Lembke*

Kirche: Gebäude, wo der Pfarrer Gott verehrt und die Frauen den Pfarrer. *Ambrose Bierce*

Kirchtürme: umgekehrte Trichter, das Gebet in den Himmel zu leiten. *Georg Christoph Lichtenberg*

Kitsch: das Echo der Kunst. *Kurt Tucholsky*

Kläger: ehemaliger Freund; meist jemand, dem man einen Gefallen erwiesen hat. *Ambrose Bierce*

Klarheit: die Höflichkeit des Schriftstellers. *Jules Renard*

Klassiker: ein Schriftsteller, den jeder gelesen haben möchte, aber keiner liest. *Anonym*

Verleger verstehen darunter einen Schriftsteller, der tantiemenfrei geworden ist. *Robert Lembke*

ein Buch, das die Leute loben, aber nie lesen. *Ernest Hemingway*

Klassikerausgaben: mehr Möbel als Literatur. *Jacques Tati*

Klatsch: das einzige Geräusch, das schneller ist als der Schall. *Anonym*

die kleine Schwester der Wahrheit. *Spanisches Sprichwort*

die Fähigkeit, auf eine Art nichts zu sagen, die nichts ungesagt läßt. *Walter Winchell*

Klavier: ein Musikinstrument, an dem sich Sänger festhalten und auf dem man sein Bier abstellen kann. *Anonym*

Kleiderschrank: ein Möbelstück, in dem Frauen, die nichts anzuziehen haben, ihre Kleider aufbewahren. *Anonym*

Kleinstadt: Ort, an dem einem die Neuigkeiten schneller ins Haus gebracht werden als die Zeitung. *Anonym*

ein Vergrößerungsglas für Vorurteile, die es in der Großstadt nicht gibt. *Bob Lawrence*

Kleinwagen: ein Korsett auf vier Rädern. *Danny Kaye*

Kleptomane: ein reicher Dieb. *Ambrose Bierce*

Klugheit: eine für Mädchen ungefährliche Eigenschaft, wenn sie hinter einem tiefen Ausschnitt versteckt wird. *Anonym*

Kneipe: eine Möglichkeit, nicht zu Hause und doch nicht an der frischen Luft zu sein. *Anonym*

Koalition: das Kunststück, den rechten Schuh auf dem linken Fuß zu tragen, ohne Hühneraugen zu bekommen. *Guy Mollet*

politische Additionen, die sich leicht in Bruchrechnungen verwandeln. *Wolfram Weidner*

Körper: der Übersetzer der Seele ins Sichtbare. *Christian Morgenstern*

Koexistenz: friedlich nebeneinander aufrüsten. *Wolfram Weidner*

Kollegen: Menschen, die auch zwischen den Mahlzeiten »Mahlzeit« sagen. *Werner Mitsch*

Komet: ein Stern, dem der Haarknoten aufgegangen ist. *Ramón Gómez de la Serna*

Flüchtling des Sonnensystems. *Anonym*

Komiker: ein Mensch, der nichts, aber auch gar nichts ernst nimmt – außer sich selbst. *Danny Kaye*

Komisch: eine Sache, die lästig wäre, wenn sie uns selber zustieße. *André Maurois*

Ernest Hemingway

Christian Morgenstern

Kommission: der Ausweg der Unfähigen, durch Widerstrebende das Unnötige untersuchen zu lassen. *Anonym*

Die beste Kommission: zwei Personen, von denen eine nicht anwesend ist. *Edward Verrall Lucas*

Kommunikarden: Fachleute für wortreiche Deklarationen. *Willy Brandt*

Kompliment: ein Kuß durch einen Schleier. *Victor M. Hugo*

eine Art Bügeleisen für zerknitterte Frauenseelen. *Werner Mitsch* eine freundliche Wahrheit mit etwas Make-up. *Hannelore Schroth*

der Sieg der Höflichkeit über die Ehrlichkeit. *Ralph Boller*

die charmante Vergrößerung einer kleinen Wahrheit. *Johannes Heesters*

Kompromiß: eine Abmachung, bei der man großzügig auf die Rechte des anderen verzichtet. *Anonym*

ein guter Regenschirm, aber ein schlechtes Dach. *J. R. Lowel*

ein Zusammenprall unter Anwendung von Stoßdämpfern. *Anonym*

ein Übereinkommen, bei dem man vorgibt, daß man nachgibt. *Willy Reichert*

Konferenzdiplomatie: Tourismus auf Staatskosten. *Henri Tisot*

Konferenzen: Verschiebebahnhöfe für ungelöste Probleme. *Richard Burton*

ein ganz ausgezeichnetes Mittel, Probleme so lange zu diskutieren, bis sie unaktuell geworden sind. *Anonym*

Konferenzsaal: ein Ort, wo viele hineingehen und wenig herauskommt. *Karl Farkas*

Konformist: einer, der gegen dieselben Dinge wie du keine Einwendungen erhebt. *Russell Baker*

Konkubinat: eine feste Bindung, die man nur vor dem Standesbeamten geheimhält. *Ernst Waldbrunn*

Konkurs: beliebte Form der Sanierung für Unternehmer, die sich übernommen haben. *Michael Schiff*

Konservativer: ein Mensch, der zum Kämpfen zu feige und zum Laufen zu dick ist. *Elbert Hubbard*

ein Politiker, der von den bestehenden Mißständen gefesselt ist; er unterscheidet sich so vom Liberalen, der diese Mißstände durch andere zu ersetzen wünscht. *Ambrose Bierce*

Konsul: in der amerikanischen Politik ein Mann, der vom Volk kein Amt erhalten hat und dem daraufhin die Regierung eins gibt – unter der Bedingung, daß er das Land verläßt. *Ambrose Bierce*

Kontakte: Begegnungen von Beauftragten, die sich nicht treffen dürfen. *Dean Rusk*

Konversation: die Kunst zu reden, ohne zu denken. *Victor de Kowa*

Geistreiche Konversation: die Kunst, sich möglichst viele Pointen zu merken und zu vergessen, von wem sie stammen. *Gerhard Bronner*

Korrekt: wer seine Zeche im voraus bezahlt, wenn er trinkt, um zu vergessen. *Anonym*

Korruption: die Autobahn neben dem Dienstweg. *Helmar Nahr*

Kosmetik: die Kunst, den Geburtsschein zu dementieren. *Olga Tschechowa*

die Kunst, aus der Not eine Jugend zu machen. *Hanns-Hermann Kersten*

Krankheiten: Höflichkeitsbesuche des Todes. *Hans Kudszus*

ein Luxus, den sich bald nur noch Ärzte leisten können. *Wolfram Weidner*

die Zinsen für genossenes Vergnügen. *Anonym*

Krawall: wenn die Party beim Nachbarn ist. *Anonym*

Krawatten: eine Quelle der Behaglichkeit, wenn man sie ablegt. *Anonym*

Kreis: eine geometrische Figur, bei der an allen Ecken und Enden gespart wurde. *Werner Mitsch*

Krieg: die Ferienzeit des Diplomaten. *Robert R. Young*

Kriminalschriftsteller: eine Spinne, die schon die Fliege hat, bevor sie das Netz um sie herum webt. *Conan Doyle*

Krimskrams: Sachen, die man zehn Jahre lang aufgehoben hat und dann endlich wegwirft, zwei Wochen bevor man sie braucht. *Anonym*

Krise: ein produktiver Zustand. Man muß ihm nur den Beigeschmack der Katastrophe nehmen. *Max Frisch*

Kritik: die Kunst, mit der sich der Kritiker einen Anteil am Ruhm des Künstlers zu sichern trachtet. *George Jean Nathan*

die subtile Rache der Journalisten an den Satirikern dafür, daß diese auch wegen der Journalisten Satiriker geworden sind. *Werner Schneyder*

Kritiker: ein Einbeiniger, der über das Laufen doziert. *Channing Pollock*

Leute, die zum Tode verurteilen, damit sie begnadigen können. *Oskar Werner*

Leute, die ihre Artikel nicht für das Publikum schreiben, sondern für andere Kritiker. *Raf Vallone*

einer, der auch im Besten noch ein wenig Schlechtes findet. *Anonym*

ein Mensch, der dich verachtet, weil du nicht sein Talent hast. *Nunnally Johnson*

Krösus: ein Mann, der schneller Geld verdient, als es seine Frau ausgeben kann. *Anonym*

Krone: ein Hut, wo es hineinregnet. *Friedrich der Große*

Kronleuchter: Hochadeliger Armleuchter. *Anonym*

Künstlerisches Experiment: Jargonvokabel für den Ausdruck bedeutender Unfähigkeit. *Helmut Arntzen*

Kuh: nichts als eine Maschine, die Gras für uns Menschen genießbar macht. *John McNulty*

Kunst: das, was übrigbleibt, nachdem alles an ihr bis ins letzte analysiert worden ist. *Martin Kessel* zwar nicht das Brot, aber der Wein des Lebens. *Jean Paul*

Kultur: ein sehr dünner Firnis, der sich leicht in Alkohol auflöst. *Aldous Huxley*

Max Frisch

Aldous Huxley

eine Lüge, die uns die Wahrheit erkennen läßt. *Pablo Picasso*

Kurve: die lieblichste Entfernung zwischen zwei Punkten. *Mae West*

Kurzgeschichte: eine Geschichte, an der man sehr lange arbeiten muß, um sie so kurz wie möglich zu machen. *Anonym*

Kurzsichtigkeit: wenn ein Regenwurm seinem anderen Ende einen Heiratsantrag macht. *Anonym*

Kuß: ein Stillhalteabkommen zwischen zwei Ungeduldigen. *Karl Schönböck*

ein Ausdruck der Freßlust, die darauf zielt, das Objekt zu verschlingen. *Giacomo Casanova*

biologisch betrachtet ein lustvoller Austausch unterschiedlicher Bakterien. *Karl Venz*

zweifellos die angenehmste Art, eine Frau am Sprechen zu hindern. *Robert Taylor*

ein Lippenbekenntnis zur Liebe. *Anonym*

Mund-zu-Mund-Beatmung ohne medizinischen Anlaß. *Joachim Fuchsberger* der Versuch, unter möglichst intensiver Benützung der Lippen gemeinsam zu schweigen. *Senta Berger*

nichts als eine Weiterentwicklung der Nahrungsübertragung von Schnabel zu Schnabel, wie sie bei Vögeln üblich ist. *Irenäus Eibl-Eibesfeld*

der Ausdruck eines Eindrucks in Form eines Aufdrucks mit Nachdruck. *Anonym*

L

Lachen: ein geborstenes Lächeln. *John E. Donovan*

ein Beruhigungsmittel ohne Nebenwirkungen. *Anonym*

schadenfroh sein, aber mit gutem Gewissen. *Friedrich Nietzsche*

Lady: eine Dame, die aus Männern Gentlemen macht. *Sir Alec Guinness*

Lächeln: die kürzeste Entfernung zwischen Menschen. *Victor Borge*

eine erschöpfende Aussage ohne Worte. *Hans Arndt*

Lärm: ungezähmte Musik. *Ambrose Bierce*

Lampenfieber: Schmetterlinge im Magen. *Walter Slezak*

der Versuch, so zu tun, als hätte man keines. *Rudolf Platte*

Landarzt: Mediziner mit durchgehend geöffneter Praxis. *Anonym*

Langeweile: die Not derer, die keine Not kennen. *Sprichwort*

Langweiler: ein Mensch, der redet, wenn du wünschst, daß er zuhört. *Ambrose Bierce*

ein Mensch, der, wenn du dich nach seinem Befinden erkundigst, es dir erklärt. *Channing Pollock*

Laster: eine zur Gewohnheit gewordene Sünde. *Anonym*

die Vergnügungen, zu denen es uns an dem nötigen Mut fehlt. *Graham Greene*

die Vergnügungen, von denen wir uns nicht zu kosten trauen. *Henry Miller*

Leben: ein Violinkonzert geben, während man Geige spielen lernt. *Samuel Butler*

ein Spiel, in dem Gott die Karten mischt, der Teufel abhebt und wir die Stiche machen müssen. *Aus Jugoslawien*

ein langwieriges Verfahren, müde zu werden. *Samuel Butler*

ein aufreibender Versuch, leere Stunden zu füllen. *Roy Campbell*

eine Folge von Paradiesen, die nacheinander vernichtet wurden. *Samuel Beckett*

nichts als die Summe der Gewohnheiten, die durch einige Gedanken gestört werden. *Paul Valéry*

das, was wir daraus machen. *Henry Miller*

ein Prozeß, den man verliert, was man auch tut und wer man auch ist. *Thomas Bernhard*

eine Komödie für den Reichen, ein Spiel für den Narren, ein Traum für den Weisen und ein Trauerspiel für den Armen. *Scholem Alejchem*

Unser heutiges Leben: ein Alptraum mit Klimaanlage. *Henry Miller*

Graham Greene

Henry Miller

Lebensart haben: verbergen, wieviel man von sich hält und wie wenig von anderen. *Mark Twain*

Lebenskünstler: Leute, die ihre Umgebung überzeugen können, daß sie etwas, was sie nicht bekommen können, nicht haben wollen. *Robert Lembke*

ein Mensch, der so über seine diversen Verhältnisse lebt, daß eines nichts vom anderen merkt. *Ralph Boller*

Menschen, die schon vollkommen glücklich sind, wenn sie nicht vollkommen unglücklich sind. *Danny Kaye*

Menschen, welche nicht nur Zeit für das Notwendige, sondern auch für das scheinbar Überflüssige haben. *Friedl Beutelrock*

Menschen, die es verstehen, unaufschiebbare Dinge so lange aufzuschieben, bis sie sich von selbst erledigt haben. *Aribert Wäscher*

ein Mensch, der einen Wespenstich als Therapie gegen Rheuma betrachtet. *Siegfried Wischnewski*

Lebenskunst: zu neunzig Prozent die Fähigkeit, mit Menschen auszukommen, die man nicht mag. *Samuel Goldwyn*

Lebensstandard: jener sinnreiche Vorgang, bei dem man seine Gesundheit ruiniert, um das Geld zu verdienen, das man ausgibt, damit man wieder so gesund wird, wie man vorher war. *Georg Thomalla*

Legende: eine Lüge, welche die Würde des Alters erreicht hat. *Anonym*

Lehren: die Dinge zweimal lernen. *Joseph Joubert*

Lehrer: einer, der schwört, lieber hungern als unterrichten zu wollen, und der schließlich beides tut. *Anonym*

eine Art Amphibie. Er ist zwar ein Erwachsener, aber er lebt in der Welt des Kindes. *Martinus J. Langeveld*

Leitartikel: Aufsatz, der darüber Aufschluß gibt, was der Verfasser denkt, daß die Leute denken. *Anonym*

Lesen: den Starrkrampf lösen, in den man einen Gedanken beim Schreiben versetzt hat. *Hans Kudszus*

für den Geist das, was Gymnastik für den Körper ist. *Joseph Addison*

Leserlichkeit: die Höflichkeit der Handschriften. *Friedrich Dürrenmatt*

Friedrich Dürrenmatt

Honoré de Balzac

Liebe: eine Filiale des Glücks. *Franz Josef Wagner*

ein Handel, wo beide Parteien gewinnen. *Georg Christoph Lichtenberg*

der einzige Weg, auf dem selbst die Dummen zu einer gewissen Größe gelangen. *Honoré de Balzac*

die Krankheit, die gepflegt, nicht geheilt werden will. *Guido Hildebrandt*

ein Käfig mit Gitterstäben aus Glück. *Claudia Cardinale*

eine leichte Gemütskrankheit, die durch die Ehe oft schnell geheilt werden kann. *Sacha Guitry*

eine Waffe, mit der man spielt, ohne daran zu denken, daß sie geladen ist. *O. E. Hasse*

die Köchin, die am meisten anrichtet in der Welt. *Johann Nepomuk Nestroy*

von allen Krankheiten noch die gesündeste. *Euripides*

eine Jagd, bei welcher der Jäger darauf achten muß, daß er vor dem Wild nicht zu schnell davonläuft. *Alphonse Kerr* jener immer von neuem verblüffende Tausch, bei dem man für ein einziges Entzücken tausend Widrigkeiten in Kauf nimmt.

François Villon

ein nicht näher definierbares Gefühl, das im Leben unendliche Komplikationen hervorruft, besonders im Geschlechtsleben.

Gabriel Laub

das einzige Mittel, die Gunst der Frauen zu erlangen, die für Geld nicht zu haben sind. *François de La Rochefoucauld*

eine Krankheit, die nur durch die Ehe kuriert werden kann.

Wilhelm Lichtenberg

die Geschichte des Lebens einer Frau; die Episode im Leben eines Mannes. *Madame de Staël*

François Villon

Madame de Staël

was man mit einem anderen durchgemacht hat. *James Thurber*

der angenehmste Zustand teilweiser Unzurechnungsfähigkeit.

Marcel Aymé

in Frankreich eine Komödie, in England eine Tragödie, in Italien eine Oper und in Deutschland ein Melodrama. *Heinrich Heine*

nichts anderes als Seiltanz von Amateuren ohne Balancierstange und ohne Netz. *Peter Altenberg*

jener seltsame Zustand, in dem man bereit ist, die Frau im Singular zu akzeptieren. *Georges Courteline*

eine tolle Krankheit – da müssen immer gleich zwei ins Bett.

Robert Lembke

ein Prozeß, bei dem auch der unterliegende Teil zu seinem Recht kommt. *Anonym*

der Stern, zu dem die Menschen auf ihrem Weg aufblicken. Die Ehe ist das Loch, in das sie dabei fallen. *Anonym*

Heinrich Heine

Peter Altenberg

Albert Camus

Ewige Liebe: die Liebe in ihrer vergänglichsten Form. *Hans Krailsheimer*

Wahre Liebe: wenn der junge Ehemann ißt, was die junge Ehefrau kocht. *Etienne Lagarde*

Liebe auf den ersten Blick: die Entschuldigung der Männer dafür, daß sie es eilig haben. *Elke Sommer*

die am weitesten verbreitete Augenkrankheit. *Gino Cervi*

Lieben: einwilligen, mit einem Menschen alt zu werden. *Albert Camus*

Liebhaber: die zweite Enttäuschung einer Frau. Die erste ist ihr Ehemann. *Anonym*

Liebling: der Rufname für alle Frauen, deren Vorname uns im Augenblick nicht einfällt. *Oliver Herford*

Lira: Italiens beste Abfahrtsläuferin. *George Cox*

Literatur: die Kunst, Außergewöhnliches an gewöhnlichen Menschen zu entdecken und darüber mit gewöhnlichen Worten Außergewöhnliches zu sagen. *Boris Pasternak*

Literaturgeschichte: eine Ansammlung von Gipsbüsten.
Hans Wolffheim

Lobby: ein Rückenwind, den man selbst erzeugt. *Donald W. Thackeray*

Lobbyisten: Leute, die andere festlegen, indem sie sie freihalten.
Wolfram Weidner

Logik: eine Kommode, die einige nützliche Werkzeuge enthält und viele überflüssige. *Charles Caleb Colton*

ein Steigbügel für den Geist. *Franz Grillparzer*

Lotto: ein ganz undemokratisches Spiel. Hier hat die Mehrheit noch nie gewonnen. *Ugo Tognazzi*

Lottoschein: Baugenehmigung zur Errichtung von Luftschlössern.
Anonym

Lüge: terminologische Ungenauigkeit. *Winston Churchill*

die Poesie, die nicht aus der Mode kommt. *Paul Martin Møller*

Luftschloß: etwas, das ein Träumer baut, worin ein Neurotiker wohnt und für das ein Psychiater die Miete kassiert. *Anonym*

Luxus: das, was man haben muß, wenn man alles andere schon gehabt hat. *Dinah Blake*

M

Mädchen: die, die rückwärts tanzen. *Bob Hope*

eine frisierte Herausforderung. *Günther Weisenborn*

Männer: die schönste Nebensache der Welt. *Christie Hefner*

Maikäfer: eine nur im Juni vorkommende Käferart. *Anonym*

Make-up: Fassadenmalerei. *Anonym*

Make-up und Parfüm: die chemische Kriegsführung der Frau zur Eroberung des Mannes. *Peter Sellers*

Maler: Überzeugungstäter, die keinen sehnlicheren Wunsch haben, als gehängt zu werden. *Werner Finck*

ein Mann, der das malt, was er verkauft. Ein Künstler dagegen ist ein Mann, der das verkauft, was er malt. *Pablo Picasso*

Malermodell: eine Dame, die sich selber zu den Akten legt. *Karl Farkas*

Manager: der Mann, der genau weiß, was er nicht kann, und der sich dafür die richtigen Leute sucht. *Philipp Rosenthal*

Mann: das ist doch nur ein paar Zentimeter Fleisch mehr. *Kate Millet*

ein notwendiges Übel, wobei die Betonung mehr auf Übel als auf notwendig liegt. *Yvette Collins*

Lebewesen, das die Fußballkarten für drei Monate im voraus kauft und mit den Weihnachtseinkäufen wartet bis Heiligabend. *Anonym*

Mannequins: nicht die einzigen Mädchen, die wissen, daß man langsam gehen muß, um schnell voranzukommen. *Edi Welz*

Marihuana: die einzige Grasart, die einen Gärtner ummähen kann. *Anonym*

Marxismus: das Bedürfnis, die Menschheit zu retten, notfalls auch gegen ihren Willen. *Anonym*

Maschinengewehr: die Schreibmaschine des Todes. *Ramón Gómez de la Serna*

Maus: ein Tier, dessen Pfad mit in Ohnmacht fallenden Frauen übersät ist. *Ambrose Bierce*

Maxirock: der Versuch, die Männer wieder neugierig zu machen auf das, was sie schon kennen. *Georg Thomalla*

Meer: ein riesiger, mit Wasser gefüllter Behälter, an dessen Rändern die Preise noch gesalzener sind als das Wasser darin. *Alberto Sordi*

Melancholie: das Vergnügen, traurig zu sein. *Victor Hugo*

Memoiren: das Gegenteil einer Klarsichtpackung. *David Frost*

Mensch: ein mißglückter Computer mit Stuhlgang und Blutkreislauf. *Steve Henley*

ein Säugetier. Jeder saugt den anderen aus. *Gerhard Uhlenbruck*

das gefährlichste Ungeziefer, das die Erde je bevölkert hat. *Friedensreich Hundertwasser*

das einzige Tier, das mit den Opfern, die es zu essen beabsichtigt, freundschaftliche Beziehungen unterhält, bis es sie ißt. *Samuel Butler*

das denkende Tier. *Ludwig Klages*

ein wildes Tier, das sich selbst gezähmt hat. *Pierre Reverdy*

das einzige Tier, das erröten kann – oder muß. *Mark Twain*

das Tier, das Geschichte hat. *Carl Friedrich von Weizsäcker*

das größte Tier der Schöpfung, denn er ist das Tier, das kocht. *Douglas Jerrold*

die ideale Gottvorstellung des Hundes. *Holbrook Jackson*

das Tier, das sich vervollkommnen kann. *Immanuel Kant*

Victor Hugo

Immanuel Kant

ein vernunftbegabtes Wesen, das immer dann die Ruhe verliert, wenn von ihm verlangt wird, daß es nach Vernunftgesetzen handeln soll. *Oscar Wilde*

ein Geschöpf, das nicht vom Brot allein lebt, sondern hauptsächlich von Schlagworten. *Robert Louis Stevenson*

Meteorologie: die Wissenschaft, die uns aufgrund komplizierter Hoch- und Tiefdruckberechnungen genauestens darüber informiert, wie das Wetter hätte sein sollen. *Anonym*

Methoden: die ausgetretenen Bahnen des Geistes, Richtwege des Gedächtnisses. *Antoine de Rivarol*

Militär: eine Pflanze, die man sorgfältig pflegen muß, damit sie keine Früchte trägt. *Jacques Tati*

Millionär: ein Milliardär nach Abzug der Steuern. *Björn Borg*

Minderheiten: die Mehrheiten der nächsten Generation. *Jean-Paul Sartre*

Mini-Kleider: Erfindung eines mit zwölf Töchtern gesegneten Schotten. *Anonym*

Mißerfolg:die Chance, es beim nächsten Mal bessser zu machen. *Henry Ford*

Mißtrauen: eine Axt am Baum der Liebe. *Anonym*

Mißverständnis: die häufigste Form menschlicher Kommunikation. *Peter Benary*

Mitbestimmung: die Suche nach dem kleinsten gemeinsamen Nenner. *Wolfgang Eschker*

Mittlere Jahre: wenn sich das Haar einer Frau von grau zu schwarz wandelt. *Anonym*

Mittleres Alter: der Lebensabschnitt, wenn dich die Kinder eins nach dem andern verlassen, um nach einer Weile zu zweit zurückzukehren. *Anonym*

Mob: eine Gruppe von Menschen mit Köpfen, aber ohne Gehirn. *Thomas Fuller*

Mode: eine künstlich herbeigeführte Epidemie. *George Bernard Shaw*

ein Befehl, den sich die Frauen wünschen. *Senta Berger*

die bereitwillige Bejahung der rätselhaften Tatsache, daß heute etwas schön ist, was gestern häßlich gewesen ist und was morgen unerträglich sein wird. *Senta Berger*

ein Diktat, das wie eine Empfehlung aussieht. *Senta Berger*

der Uniformzwang der Zivilisten. *Claus Biederstaedt*

die Kunst der Frau, mit sich selber Luxus zu treiben. *Anonym*

eine so unerträgliche Form der Häßlichkeit, daß wir sie alle sechs Monate ändern müssen. *Oscar Wilde*

die neueste Verpackung für die alte Ware. *Helmar Nahr*

Moderator: eine Art Nummerngirl mit Schnauze. *Wolfgang Gruner*

ein Dahinredner, der Pausen mit einem Maximum an Minimum füllt. *Henning Venske*

Moderieren: die Kunst, ein Thema anzuschneiden, ohne auf seinen Kern zu kommen. *Peter Maiwald*

Moderne Eltern: Eltern, die ihre Kinder nie schlagen – außer in Notwehr. *Jean-Luc Michel*

Moderne Wohnung: ein Ort, wo Sie aufstehen, um das Radio abzustellen, und merken, daß es das Ihres Nachbarn ist. *Anonym*

halb soviel Platz für doppelt soviel Miete. *Anonym*

Modernes Drama: ein Stück, in dem außer action eigentlich nichts passiert. *Helmar Nahr*

Modeschöpfer: Männer, die das Zweitschönste auf der Welt tun: Frauen anziehen. *Marcello Mastroianni*

Mönche: Menschen, die sich zum Einzeller zurückentwickelt haben. *Hanns-Hermann Kersten*

Moment: die halbe Stunde, die eine Frau braucht, um den Hut aufzusetzen. *Anonym*

Monogamie: das ist genau so, als müßte man jeden Tag Pommes frites essen. *Henry Miller*

Moos: die Perücke der Steine. *Ramón Gómez de la Serna*

Moral: ein steter Angriff auf das Recht des Stärkeren. *Thomas Niederreuther*

jenes Maß von Anständigkeit, das gerade modern ist. *Federico Fellini*

die Laster der Mehrheit. *Jean Genet*

Moralische Entrüstung: 2 Prozent Moral, 48 Prozent Hemmungen und 50 Prozent Neid. *Anonym*

der Heiligenschein der Scheinheiligen. *Helmut Qualtinger*

Moralisten: Leute, die sich dort kratzen, wo es andere juckt. *Samuel Beckett*

Morgen: der Tag, an dem die meisten Fastenkuren beginnen. *Gustav Knuth*

der Tag, an dem der Faule am meisten zu tun hat. *Anonym*

Morgengrauen: das Gefühl beim Aufstehen, wenn man zur Arbeit muß. *Anonym*

die Zeit, zu der vernünftige Leute ins Bett gehen. *Ambrose Bierce*

Mund: beim Mann: Tor zur Seele; bei der Frau: Ventil des Herzens. *Ambrose Bierce*

Musical: ein Stück, in dem die Sänger keine Schauspieler und die Schauspieler keine Sänger sind. *Anonym*

eine Operette für Schauspieler, die nicht singen können. *Peter Watson*

ein Sprechstück für Leute, die nicht singen können, und ein Gesangsstück für Leute, die nicht sprechen können. *Charles Aznavour*

Musik: die Stenographie des Gefühls. *Lew N. Graf Tolstoj*

heutzutage oft Lärm mit Copyright. *Peter Holl*

die Sprache der Engel. *Thomas Carlyle*

Moderne Musik: Instrumentenstimmen nach Noten. *Peter Sellers*

Zeitgenössische Musik: eine Wüste mit ein paar ausgespuckten Dattelkernen hier und da. *Pablo Casals*

Lew N. Graf Tolstoj

Anton Schnack

Muße: die Kunst, wirklich nichts zu tun, wenn man nichts zu tun hat. *Anton Schnack*

Mußestunde: die zwei Minuten Erholung, die ein Mann genießen kann, bis seine Frau sich eine neue Arbeit für ihn ausgedacht hat. *Anonym*

Mut: oft Mangel an Einsicht, wogegen Feigheit nicht selten auf guten Informationen beruht. *Peter Ustinov*

oft nur ein Sieg der Ungeduld über die Vernunft. *Dänisches Sprichwort*

N

Ein guter Nachrichtendienst: der Scheibenwischer der Regierung.
George F. Kennan

Nachdenken: für die meisten Menschen das gedankliche Nachvollziehen dessen, was andere vordenken. *Arno Sölter*

Nachrufe: Führungszeugnisse für das Jenseits. *Anonym*

Nachsicht: das Wissen, wann auf einen Vorteil zu verzichten ist.
Benjamin Disraeli

die höflichste Form der Gleichgültigkeit. *Abel Bonnard*

Nationalismus: die Angst, daß die Nächstenliebe sich zu weit ausbreiten könnte. *Gräfin Dubsky*

Neid: der Schatten, den der Erfolg wirft. *Robert Lembke*

Nervensäge: ein Mann, der soviel über sich selber spricht, daß wir Frauen keine Gelegenheit haben, ausgiebig über uns zu sprechen.
Gisela Schlüter

Neue Küche: ein Gaumentheater für entmannte Intellektuelle, eine Küche des Bluffs. *Robert J. Courtine*

Neugier: nichts als Eitelkeit. Meist will man nur wissen, um davon reden zu können. *Blaise Pascal*

Neuheit: zukünftige Antiquität. *Anonym*

Neureicher: ein Mann, der seinen Wagen verkauft, weil der Aschenbecher voll ist. *Anonym*

Neurotiker: ein Mensch, der einem genau sagt, wie es ihm geht, wenn man ihn danach fragt. *Anonym* ein Mensch, der Luftschlösser baut; ein Psychopath ist ein Mensch, der sie bewohnt, und ein Psychiater ist ein Mensch, der die Miete dafür kassiert. *Lord Webb-Johnson*

Nichtraucher: ein Mann, der die Zigarre, die ihm sein Chef verpaßt hat, sogleich an seinen Untergebenen weitergibt. *Anonym*

Nichts: bevorzugtes Gesprächsthema für Partys. *Anonym*

Nixe: nicht genug Fisch zum Braten, nicht genug Frau zum Lieben. *Anonym*

Nörgler: ein Mensch, der – wenn er kein Haar in der Suppe findet – so lange den Kopf schüttelt, bis eins hineinfällt. *Rolf Steffen*

Nonchalance: die Gabe, auszusehen wie ein Lämmchen, wenn man sich benommen hat wie ein Esel. *Anonym*

Nostalgie: die Sehnsucht nach der guten alten Zeit, in der man nichts zu lachen hatte. *Charles Aznavour*

Nudismus: Sauna ohne Dampf. *Ralph Boller*

Nudist: ein Mann, bei dem ein Taschendieb keine Chance hat. *Georg Thomalla*

O

Objektivität: das, wovon wir uns wünschen, daß andere Leute es anderen Leuten gegenüber an den Tag legen. *Gabriel Laub*

Ödipus-Komplex: harmlose Erkrankung kleiner Jungen. Hauptsache, sie behalten die Mutti lieb. *Anonym*

Öffentliche Meinung: die Dirne unter den Meinungen. *Marie von Ebner-Eschenbach* ein Schloßgespenst – niemand hat es gesehen, aber alle lassen sich von ihm terrorisieren. *Anonym*

Öffentliche Wohltätigkeit: Güte mit einem Lautsprecher. *Tilla Durieux*

Öffentlichkeitsarbeit: Verbreitung von Wahrheit in verschönerter Form. *Conrad Ahlers*

Österreich: eine Republik mit Kaiserschmarrn und Kaisersemmeln. *David Henley*

ein Labyrinth, in dem sich jeder auskennt. *Helmut Qualtinger*

Offenheit: für Männer die Kunst, nur so viel zu gestehen, wie die Frau bereits weiß. *Tatjana Sais*

Oktoberfest: Alkoholidays. *Anonym*

Olympische Spiele: eine wundervolle Gelegenheit, Zwietracht auch unter solchen Nationen zu stiften, die sonst keine Reibungsflächen haben. *George Bernard Shaw*

Omnibusse: Fahrzeuge, in denen die Fenster, die im Juli nicht aufgehen, sich im Dezember nicht schließen lassen. *Robert Lembke*

Opportunist: ein Mensch, der gelernt hat, die Meinungen anderer zu haben. *Anonym*

Opportunisten: Leute, die schon heute die Windrichtung von übermorgen kennen. *Alec Guinness*

Leute, die den Zug erst auf der Endstation besteigen. *Ernst Schröder*

Opposition: eine Ziege, die ihre Pflicht bereits durch Meckern erfüllt. Milch sollte man von ihr nicht auch noch verlangen. *Kai Jensen*

Optimismus: krankhafte Geistesstörung, die sich in der Überzeugung des Patienten äußert, es werde in zehn Jahren nicht nur Comics, sondern auch noch Bücher geben. *Hans Weigel*

glauben, daß der nächste Krieg noch nicht der letzte ist.
Lutz Rathenow

Optimist: ein Mann, der sich nicht darum schert, was geschieht, solange es ihn nicht betrifft. *Elbert Hubbard*

ein Mann, der glaubt, daß eine Frau ein Telefonat beendet hat, wenn sie »Auf Wiedersehen« sagt. *Harald Leipnitz*

ein Gartenfreund, der davon überzeugt ist, daß alles, was er in die Erde steckt, auch wieder herauskommt. *Anonym*

einer, der Kreuzworträtsel mit Tinte löst. *Marcel Achard*

ein Mann, der seinen Wagenmotor laufen läßt, während seine Frau zum Einkaufen geht. *Anonym*

ein Achtzigjähriger, der nochmals heiratet und eine Wohnung in der Nähe einer Schule sucht. *Anonym*

ein Mann, der seine Sekretärin heiratet und dann glaubt, ihr auch weiterhin diktieren zu können. *Anonym*

ein Mensch, der alles halb so schlimm und doppelt so gut findet.
Heinz Rühmann

ein Mensch, der von den Ereignissen laufend dementiert wird.
Peter Sellers

ein Bräutigam, der meint, er habe keine schlechten Angewohnheiten. *Anonym*

ein Junggeselle, der heiratet und glaubt, dann seine Putzfrau entlassen zu können. *Anonym*

Optimistin: eine Frau, die Fettpölsterchen für Kurven hält.
Françoise Hardy

Ordnung: das Vergnügen der Vernunft, die Unordnung aber ist die Wonne der Phantasie. *Paul Claudel*

Originalität: die Kunst, sich Bonmots zu merken und zu vergessen, von wem sie sind. *Danny Kaye*

Orthographie: etwas für Leute, die sich keine gute Sekretärin leisten können. *Anonym*

Ozelot: der einzige, der einen Ozelot wirklich braucht. *Bernhard Grzimek*

P

Pädagogik: das Bemühen, in Jahren zu erreichen, was früher in ebensoviel Wochen gelehrt wurde. *Cyril Northcote Parkinson*

Pantomimik: ein Esperanto der Gebärden und damit die am weitesten verbreitete Weltsprache überhaupt. *Marcel Marceau*

Paradoxon: eine Tatsache, die Kopf steht, um auf sich aufmerksam zu machen. *Anonym*

Parlamentarische Untersuchungsausschüsse: Teppichklopfer, die gerade so stark drauflosschlagen, daß es nicht staubt. *Enrique Morales*

Parteiflügel: Fortbewegungsmittel, die sich gegenseitig aufheben. *Henri Tisot*

Parteiloser: in der Politik einer, der an Selbstachtung leidet und dem Laster der Unabhängigkeit frönt. *Ambrose Bierce*

Party: eine Zusammenkunft, bei der am Ende die Gäste aufgeräumter sind als die Wohnung. *Senta Berger*

Patriot: ein Mensch, der sein Land so sehr liebt, daß es ihm nichts ausmacht, sich durch den Hinweis auf reformbedürftige Dinge Feinde zu machen. *Gilbert Keith Chesterton*

Pazifist: ein Mensch, der gegen alle kämpft, ausgenommen gegen seine Feinde. *Anonym*

Pech: Deckname für Unfähigkeit. *Talleyrand*

Pechvögel: die einzige nicht aussterbende Vogelart. *Anonym*

Pedant: ein Mann, der seine Frau weckt, um sie an ihre Schlaftabletten zu erinnern. *Anonym*

Pelzmantel: Kleidungsstück, das Frauen bevorzugt tragen, um andere Frauen damit zu ärgern. *Anonym*

Perpetuum mobile: andere Bezeichnung für eine Hausfrau mit sechs Kindern. *Anonym*

Pessimist: ein verheirateter Optimist. *Anonym*

ein Mensch, der das Schlimmste erhofft und auf das Beste gefaßt ist. *Werner Krauss*

ein Optimist, der nachgedacht hat. *Dan Bennett*

ein Mann, der glaubt, daß alle Frauen unmoralisch seien. Ein Optimist hofft es nur. *Anonym*

ein Mensch, der unter mehreren Übeln keines missen möchte. *Victor de Kowa*

ein Mensch, der sich über schlechte Erfahrungen freut, weil sie ihm recht geben. *Heinz Rühmann*

ein Mensch, der glücklich ist, wenn er unglücklich ist. *Francis Herbert Bradley*

Pessimisten: Menschen, die nur ein einziges Instrument blasen: Trübsal. *Wim Thoelke*

Petting: Fingerspitzengefühl. *Anonym*

kleiner Grenzverkehr. *Raimund Vidrányi*

Pfau: ein blühendes Huhn. *Definition eines Kindes*

Pfeife: Instrument, das dazu verleitet, andere danach tanzen zu lassen. *Michael Schiff*

Pflicht: das, was uns unerbittlich auf dem Weg unserer Wünsche dem Vorteil entgegentreibt. *Ambrose Bierce*

Pflichterfüllung: tägliches Heldentum ohne Ordensverleihung. *Werner Krauss*

Phantasie: die Fähigkeit, in Bildern zu denken. *Ernst Hohenemser*

schlechter Ersatz für Erfahrung. *Anonym*

Phantasten: Menschen, deren Uhr vorgeht. Sie sehen alles ein bißchen früher. *Anita Daniel*

Philologe: ein Mensch, dessen französische Sprachkenntnisse ihn befähigen, in einem Pariser Lebensmittelgeschäft mit einer Originalrede des Voltaire auf den Lippen zu verhungern. *Helmuth M. Backhaus*

Philologie: die Kunst des richtigen Lesens. *Friedrich Nietzsche*

Philosoph: ein Mann, der nie um Argumente verlegen ist. *Ludwig Marcuse*

ein Mann, der den Sinn seines Lebens darin sieht, einen Sinn darin zu sehen. *Hannes Messemer*

Philosophen: Leute, die freiwillig auf das verzichten, was sie sowieso nicht bekommen. *George Mikes*

Gewalttäter, die keine Armee zur Verfügung haben und sich deshalb die Welt in der Weise unterwerfen, daß sie sie in ein System sperren. *Robert Musil*

Friedrich Nietzsche

Robert Musil

Leute, die Kaviar nicht mögen, wenn sie kein Geld haben, welchen zu kaufen. *George Mikes*

Philosophie: der Versuch, in einem dunklen Zimmer eine schwarze Katze zu fangen, die gar nicht drin ist. *Pablo Cruz*

die geistreiche Übersetzung des Unerklärlichen in das Unverständliche. *Hans Clarin*

Philosophieren: die Annäherung an eine Offenbarung, die nie stattfindet. Der Weg dahin ist voll von den scharfsinnigsten menschlichen Weisheiten. *Ludwig Marcuse*

Phlegmatiker: ein rauchender Autofahrer, der über den Bordstein fährt, damit die Asche herunterfällt. *Anonym*

Physiker: jemand, der jeden technischen Defekt erklären, aber nicht reparieren kann. *Michael Schiff*

Pianissimo: die größte Kraft auf der Welt. *Maurice Ravel*

Pianist: Akkordarbeiter. *Anonym*

Pirat: Salzwasserdieb. *William Shakespeare*

Räuber zu Schiff. *Anonym*

Plagiat: vielleicht die aufrichtigste Form der Verehrung. *Alfred Polgar*

Platonische Freundschaft: eine, von der die halbe Stadt behauptet, sie sei keine. *Anonym*

Platonische Liebe: die Zeit zwischen der Vorstellung und dem ersten Kuß. *Anonym*

vegetarischer Sex. *Karl Weigand*

wenn man zu zweit mit einem Gewehr spielt und glaubt, es sei nicht geladen. *Anonym*

Playboys: Leute, die sich im Winter davon erholen, daß sie im Sommer auch nicht gearbeitet haben. *Georg Thomalla*

Playgirls: Mädchen, die zu Nerzen kommen, wie Nerze zu Nerzen kommen. *Anonym*

Polemik: eine öffentliche moralische Balgerei zwischen zwei gebildeten Menschen, wobei statt Blut Tinte fließt.
Aus den »Fliegenden Blättern«

Politik: die Kunst, den Hund so lange zu streicheln, bis der Maulkorb fertig ist. *Anonym*

die Kunst, Begriffe zu ändern, wenn sich die Verhältnisse einer Änderung widersetzen. *Anonym*

die Kunst, Probleme zu lösen, ohne neue, größere zu schaffen.
Anonym

die Kunst des Möglichen, aber auch die Wissenschaft vom Unmöglichen. *Harold Macmillan*

ein Streit der Interessen, der sich als Wettstreit der Prinzipien maskiert hat. *Ambrose Bierce*

die Kunst bewußten Mogelns, ohne dabei erwischt zu werden.
James Schlesinger

die Kunst, das Notwendige möglich zu machen. *Herbert Wehner*

Politiker: Leute, die anderen beim Rücktritt den Vortritt lassen.
Carl Merz

ein Mensch, mit dessen Politik du nicht übereinstimmst; wenn du es tust, dann ist er ein Staatsmann. *Lloyd George*

jemand, der auf kleine Fragen große Antworten gibt. Manche Politiker meinen sogar, die höchste politische Kunst bestehe darin, sich überhaupt keine Fragen stellen zu lassen. *Richard Wiggins*

Politik machen: einen simplen Tatbestand so komplizieren, daß alle nach einem neuen Vereinfacher rufen. *Giovanni Guareschi*

Post: der Kitt, der eine weitverstreute Familie zusammenhält. *Anonym*

eine Institution zur verteuerten Verlangsamung der Briefzustellung mit dem Ziel der Selbstabholung gegen zehnfache Gebühr. *Cyril Northcote Parkinson*

William Shakespeare

Giovanni Guareschi

Praktischer Arzt: einer, der eine reiche Patientin heiratet. *Anonym*

Pragmatiker: ein Mensch, der konsequent den Sowohl-als-auch-Standpunkt vertritt *Arno Sölter*

Praxis: wenn es geht, aber man weiß nicht wie. Theorie: wenn man weiß, wie es geht. *Werner Albrecht*

Presse: die Artillerie der Gedanken. *Gotthold Ephraim Lessing*

die Möglichkeit, Dinge zu verschweigen, indem man andere druckt. *Rudolf Rolfs*

ein Gewissen aus Papier. *Malcolm Muggeridge*

Prestige: die Daumenschrauben, die man auch einer Weltmacht anlegen kann. *George F. Kennan*

Prinzipien: der jämmerlichste Grund, den es gibt, um sich unbeliebt zu machen. *George Bernard Shaw*

Professor: ein Mann, der anderer Meinung ist. *Eduard von Hartmann*

Propaganda: eine Lüge, die man einer Million Menschen erzählt. *Anonym* die Kunst, Gegenwind in Rückenwind zu verwandeln. *Ugo Tognazzi*

Prostituierte: eine Frau, die durch langsames Auf-und-ab-Gehen schneller vorwärts kommen will. *Anonym*

Protokoll: die nachträgliche Niederschrift dessen, was man bei einer Besprechung gern gesagt oder von anderen gehört hätte. *Robert Lembke*

Prüderie: eine Festung, die um so hartnäckiger verteidigt wird, je weniger Gefahr ihr droht. *Delphine Gay*

Psychiater: Neurosenkavalier. *Anonym*

ein Mann, der in eine Striptease-Show geht, um sich die Gäste anzusehen. *Anonym*

der letzte Mensch, mit dem man spricht, bevor man anfängt, mit sich selbst zu sprechen. *Frank Sinatra*

Psychoanalyse: das Heilen von Krankheiten dadurch, daß man dem Patienten erklärt, was mit ihm los ist: ein ausgezeichnetes Vorgehen, vorausgesetzt, daß man weiß, was mit ihm los ist, besonders wenn die Erklärung die ist, daß nichts mit ihm los ist. *George Bernard Shaw*

Psychotherapeut: ein Mann, der die Miete kassiert, wenn Leute ein Luftschloß bewohnen. *Danny Kaye*

Public Relations: wichtigste Abteilung jedes Verlags, die viel Mühe und Geld aufwendet: für gute Bücher, denen es nicht nützt, und für schlechte Bücher, die es nicht nötig haben. *Hans Weigel*

Gotthold Ephraim Lessing

E. v. Hartmann

Pünktlichkeit: die Kunst, sich so zu verspäten, daß man immer noch früher da ist als die anderen. *Monika Peitsch*

Pyjama: ein Kleidungsstück, das häufig nahe dem Bett liegt – für den Fall, daß es brennt. *Anonym*

Q

Quiz: ein Versuch, aus einem Menschen mehr herauszuholen, als drinsteckt. *Peter Frankenfeld*

Quizmaster: eine seltsame Mischung von Clown, Buchhalter und Oberlehrer. *Peter Sellers*

R

Rabatt: der nachträgliche Abzug des Aufschlags. *Anonym*

Rache: ein Gericht, das man kalt verspeisen muß. *Napoleon III.*

Radfahrer: die einzigen sympathischen Leisetreter. *Ernst Schröder*

Napoleon III.

F. D. Roosevelt

Jeremy Bentham

Radikaler: ein Mann, der mit beiden Beinen fest in der Luft steht. *Franklin D. Roosevelt*

Rasen: ein Platz, wo widerstandsfähiges Gras, das auf unbebautem Gelände großartig gedeiht und auf Wegen zwischen den Steinen wuchert, an der liebevollen Sorgfalt des Hausherrn langsam zugrundegeht. *Anonym*

Rau, Johannes: ein Spezialist fürs Allgemeine. *Holger Dohmen*

Raumschiff: Fahrzeug zur Betrachtung und Erforschung des Fernstliegenden für eine Generation, die nicht in der Lage ist, das Nächstliegende wahrzunehmen. *Anonym*

Raupe: ein gepolsterter Wurm. *Anonym*

Rechtsanwälte: die einzigen Leute, bei denen Unkenntnis des Rechts nicht bestraft, sondern belohnt wird. *Jeremy Bentham*

Rechtsanwalt: ein Mann, der unser Vermögen schützt, damit möglichst viel davon für ihn abfällt. *Markus M. Ronner*

Redaktionsstatute: Dokumente, die Verlagsangehörigen, die nichts zu sagen haben, das Recht geben, es trotzdem zu sagen. *Robert Lembke*

Regierungskunst: die Fähigkeit, die größere Hälfte der Nation zufriedenzustellen, ohne die kleinere Hälfte zu vergrämen. *Edgar Faure*

Regierungssprecher: ein Mann, der Haselnüsse als Kokosnüsse verkaufen kann. *Carlo Franchi*

ein Mann, der mehr verdauen muß, als er gegessen hat. *Carlo Franchi*

Reich: wer seine Steuern bezahlen kann, ohne Schulden machen zu müssen. *Bing Crosby*

ein Mensch, der einen Dollar mehr hat, als er ausgeben kann. *Bernard Baruch*

Reicher Mann: oft nur ein armer Mann mit sehr viel Geld. *Aristoteles Onassis*

A. S. H. Onassis

Max Pallenberg

John B. Priestley

Reichtum: die Ersparnisse vieler in den Händen eines einzigen.
Eugen Debs

Reiseführer: ein Reiseleiter, den man in die Tasche stecken kann.
Sigismund von Radecki

Reklame: ein Versuch, den Menschen von seinem Geld zu trennen.
John B. Priestley

eine raffinierte Art zu lügen. *Ralph Nader*

Reling: das einzige Vorbeugemittel bei Seekrankheit. *Max Pallenberg*

Reservereifen: ein Reifen, den man sich erst ansieht, wenn man einen Platten gehabt hat. *Anonym*

Restrisiko: das Risiko, das uns den Rest gibt. *Anonym*

Reue: Verstand, der zu spät kommt. *Ernst Freiherr von Feuchtersleben*

eine nachträglich entrichtete Vergnügungssteuer. *Senta Berger*

die unpünktlichste aller Tugenden; sie kommt immer zu spät.
Anonym

das Dessert der Genießer. *Willy Reichert*

Revolution: in der Politik ein plötzlicher Wechsel in der Form der Mißregierung. *Ambrose Bierce*

die erfolgreiche Anstrengung, eine schlechte Regierung loszuwerden und eine schlechtere zu errichten. *Oscar Wilde*

Revolutionär: ein Mann, der das Feuer der Unzufriedenheit mit Benzin löscht. *Henry de Montherlant*

Rhetorik: die Kunst, von den eigenen Formulierungsproblemen abzulenken. *Wolfram Weidner*

Rhein: die romantischste Kloake Europas. *Piet Geldern*

Röntgenologe: der einzige Mann, der eine Frau zu durchschauen vermag. *Sacha Guitry*

Rom: ein riesiger Friedhof, der von Leben strotzt. *Federico Fellini*

Rücktritt: ehrenvoller Entschluß, der aus der Mode gekommen ist. *Michael Schiff*

Rußland: ein Rätsel, eingehüllt in ein Geheimnis inmitten eines Mysteriums. *Winston Churchill*

Sacha Guitry

Federico Fellini

S

S: der Angelhaken des Alphabets. *Ramón Gómez de la Serna*

Sachbuch: Buch, das, um Erfolg zu haben, den Stoff, den es vermittelt, möglichst unwissenschaftlich und oberflächlich verarbeiten muß. *Hans Weigel*

Sachkenntnis: tödliches Gift für lebhafte Diskussionen. *Anonym*

Sachverständiger: der Mann, der mit sehr guten Gründen das Falsche rät. *Anonym*

Sadisten: Leute, die Krimi-Zuschauern den Mörder verraten. *Siegfried Lowitz*

Sahara: nicht der einzige Ort, wo alles im Sand verläuft. *Wolfgang Gruner*

Sarkasmus: eine Bosheit, die so gut verpackt ist, daß man außer Reichweite sein kann, bis sie verstanden wurde. *Anonym*

Satire: die Kunst, einem anderen so auf den Fuß zu treten, daß er es merkt, aber nicht aufschreit. *Helmut Qualtinger*

Hochrechnung in die Zukunft. Um zu zeigen, was heute ist, muß man zeigen, wie es weitergeht. *Helmut Ruge*

zwischen den Zeilen denken. *Hans-Horst Skupy*

Schach: neben den Anstrengungen der Werbewirtschaft die größte Verschwendung menschlicher Intelligenz. *Raymond Chandler*

ein realistisches Spiel: niemand ist hier stärker als die Dame. *Georg Thomalla*

Raymond Chandler

Friedrich Hebbel

Schalter: die Schließmuskeln der Bürokratie. *Wolfram Weidner*

Schauspieler: ein Mann, der eher einer Frau nein sagen kann als einem Theaterintendanten. *Horst Tappert*

ein herrlich überbezahltes Hobby für kindliche Gemüter. *David Niven*

Schauspielerinnen: ideale Ehefrauen, denn sie machen ihre Szenen auf der Bühne. *Bernhard Wicki*

Scherz: ein Nachwort zu einem Gefühl. *Friedrich Nietzsche*

Schicksal: die zusammengerechneten Fehler, die ein Mensch gemacht hat. *Oliver Herford*

Schlaf: ein Hineinkriechen des Menschen in sich selbst. *Friedrich Hebbel*

für manche Menschen der fruchtbarste Teil ihres Daseins. *Carl Zuckmayer*

die Nabelschnur, durch die das Individuum mit dem Weltall zusammenhängt. *Friedrich Hebbel*

der Waffenstillstand im Kampf ums Dasein. *Aus den »Fliegenden Blättern«*

Unhöflichkeit gegenüber der Nacht. *Hans Kudszus*

Schlager: etwas, das gesungen wird, weil es nicht der Rede wert ist. *Anonym*

Schlagersänger: heisere Hähne, die abends krähen statt am Morgen. *Jacques Tati*

Schlagertexter: Menschen, die ihre Empfindungen einem Reim zuliebe ändern. *Robert Lembke*

Schlagfertigkeit: das, was du gerne gesagt haben möchtest. *Heywood Campbell Broun*

etwas, das sich in jedem Ehestreit bewährt, vorausgesetzt, man verzichtet darauf. *Anonym*

Schlagzeilen: Weltgeschehen in Pillenform. *Norman Mailer*

Schlankheitskur: eine Hungerperiode, auf die rasch zwei Kilo Gewichtszunahme folgen. *Anonym*

Schlechtes Gewissen: ein Gewissen, das seine Pflicht tut. *Anonym*

Schlußverkäufe: die Olympischen Spiele der Taschendiebe. *Alberto Sordi*

Schlußverkauf: ein Damenringkampf, bei dem man sein Kleid ruiniert, um ein anderes zu erringen. *Laura Mindt*

Schmeichelei: eine Bestätigung nicht vorhandener Vorzüge. *Erik Ode*

Aggression auf Knien. *Gerhard Branstner*

etwas Angenehmes, das jemand über dich erzählt, und wovon du wünschst, es möge wahr sein. *Frank Malester*

dem anderen sagen, was er schon selbst von sich hält. *Hal Wilshire*

Schmeichler: ein Mensch, der seiner Meinung nach deine Fähigkeiten außerordentlich übertreibt, so daß sie näher an deine eigene Vorstellung von ihnen herankommen. *Oscar Wilde*

Schneider: die klügsten Menschen, weil sie immer wieder von den Menschen Maß nehmen, statt sich auf die alten Angaben zu verlassen. *George Bernard Shaw*

Schnulze: die Seufzerbrücke zwischen Kitsch und Herz. *Klaus Schneider*

Schöngeist: ein Mann, der etwas Interessanteres gefunden hat als Frauen. *Anonym*

Schönheit: ein Geschenk für einige Jahre, aber kein Lebensinhalt. *Lil Dagover*

Schöpferische Pause: feinere Form der Faulheit. *Michael Schiff*

Schotte: einer, der Selbstmord begeht, weil gerade günstig Särge angeboten werden. *Anonym*

Schottland: vermutlich das einzige Land, in dem man mit Gebrauchtzahnbürsten und vulkanisierten Kondomen ein Vermögen machen könnte. *George Radford*

Schrauben: Eisenwürmer. *Ramón Gómez de la Serna*

Schreiben: sich selber lesen. *Max Frisch*

Schriftsteller: jemand, dessen Intelligenz nicht groß genug ist, um mit dem Schreiben aufhören zu können. *Günter Graß*

Günter Graß (damals) Siegfried Lenz

jemand, der einen Großteil seines Lebens in Einzelhaft vor einem Schreibgerät verbringt. *Barbara Frischmuth*

die einzigen Menschen, die einem auch noch lange nach ihrem Tod auf die Nerven gehen können. *Anonym*

ein Mensch, den niemand zwingt, das zu sein, was er ist. *Siegfried Lenz*

Leute, die ihre ungelösten Lebensprobleme, interessant verpackt, an andere weiterreichen. Gegen bar. *Hanns-Hermann Kersten*

Ein großer Schriftsteller: einer, der unvergeßliche Sätze schreibt. *Henry de Montherlant*

Schriftstellerei: je nachdem, wie man sie treibt, eine Infamie, eine Ausschweifung, eine Tagelöhnerei, ein Handwerk, eine Kunst oder eine Tugend. *August Wilhelm Schlegel*

Schulden: die sichere Folge eines unsicheren Einkommens. *Anonym*

Schwarzer Humor: Lachen mit einem Trauerrand. *Ralph Boller*

die Kunst, Skelette zum Lachen zu bringen. *Danny Kaye*

Schweigen: das einzige Argument, das sich nicht widerlegen läßt. *Christine Brückner*

halbe Einwilligung. *Afrikanisches Sprichwort*

die ärgste oder die bescheidenste Form der Kritik. *Pierre Reverdy*

so ziemlich das Letzte, in das sich eine Frau zu hüllen wünscht. *Ralph Boller*

nichts zu sagen haben und es sagen. *Anonym*

Schweiß: die Tränen der Arbeit. *Spruchweisheit*

Transpiration, die heute nur noch bei Urlaubsreisen und Freizeitbeschäftigungen auftritt. *Michael Schiff*

Schweiz: ein Land, das seine Minderheiten schützt. Selbst Dienstverweigerer kommen in den Genuß der Schutzhaft. *Heinrich Wiesner*

Science fiction: eine Art Archäologie der Zukunft. *Clifton Fadiman*

6: die Zahl, die Familienzuwachs erwartet. *Ramón Gómez de la Serna*

A. W. Schlegel

Herbert Spencer

Sechzehn Jahre: entschieden das schlimmste Alter, weil da alles, was man möchte, identisch ist mit dem, was man nicht darf. *Anonym*

Seele: jene Welt, die wir uns selber erschaffen. *Hans Lohberger*

Sehenswürdigkeiten: Dinge, die man gesehen haben muß, weil andere sie auch gesehen haben. *Hans Söhnker*

Dinge, vor denen man gesehen werden muß. *Chris Howland*

Sekundenbruchteil: die Zeitspanne zwischen dem Aufleuchten des grünen Lichts und dem Beginn des Hupkonzerts hinter dir. *Anonym*

Selbstachtung: eine falsche Einschätzung. *Ambrose Bierce*

Selbstbiographie: Enthüllungen über das schlechte Gedächtnis des Verfassers. *Anonym*

Selbstgefälligkeit: das Gefühl der Menschen, die der glücklichen Überzeugung sind, daß sie nicht so sind wie die anderen. *Margery Allingham*

Gottes Geschenk an kleine Menschen. *Bruce Barton*

Selbstironie: die Kunst, sich so durch den Kakao zu ziehen, daß er noch schmeckt. *Joachim Teege*

Selbstkostenpreis: Kalkulation, bei der man sich mit 25 Prozent Gewinn begnügt. *Michael Schiff*

Selbstliebe: der Beginn einer lebenslänglichen Leidenschaft. *Oscar Wilde*

Selbstlosigkeit: Eigenliebe, die sich schämt. *Hans Lohberger*

ausgereifter Egoismus. *Herbert Spencer*

Selbstmord: ein Kompliment, das man der Gesellschaft nicht machen dürfte. *Oscar Wilde*

Selbstverleugnung: eine Methode, durch die der Mensch seine Weiterentwicklung hemmt. *Oscar Wilde*

Selbstvertrauen: der Name, den wir dem Egoismus der Erfolgreichen beilegen. *Elbert Hubbard*

Sex: die Kunst, Erwartungen zu wecken, die gar nicht geschlafen haben. *Senta Berger*

der größte Spaß, den man haben kann, ohne dabei zu lachen. *Anonym*

das immer wiederholte Sechstagerennen der Hormone. *Henry Miller*

ein Derbysieger, den man auch zu Tode reiten kann. *Ingmar Bergman*

die angenehmste Form vom Clinch, noch dazu ohne Ringrichter. *Bill Clayton*

Werbung mit sich selbst. *Anonym*

Sex ohne Eros: nichts anderes tun als Turnen ohne Geräte. *John Bellow*

Sex Appeal: ein Ruf, den man nicht hört, sondern sieht. *Burt Lancaster*

Sexbombe: eine Frau, die beim Duschen keine nassen Füße bekommt. *Anonym*

eine Dame, die die Waffen wechselte, weil sie in der Schule keine Kanone war. *Anonym*

Sexbomben: Sprengkörper, die meistens von Blindgängern begleitet werden. *Anonym*

Sexualberater: ein Mann, der 49 Liebespositionen kennt, aber kein einziges Mädchen. *Anonym*

Sexualkunde: jener neumodische Unterricht, bei dem die Lehrer endlich erfahren, was die Schüler schon lange wissen. *Karl Heitzer*

Shakespeare: ein Mann, dessen Schriften so ausgezeichnet sind, daß man glaubt, jemand anderer habe sie geschrieben. *Anonym*

Thornton Wilder

Truman Capote

Shaw: ein Autor, der sich selbst entdeckte und der ohne Murren seine Entdeckung der Welt mitteilte. *Saki*

Sicheres Auftreten: nichts anderes als die Fähigkeit, sich sein Unbehagen nicht anmerken zu lassen. *Anonym*

Sicherheitsbindung: Heirat mit einem Beamten. *Anonym*

Sitzung: eine beliebte Ausrede. *Anonym*

Sklaverei: das Anwerben von Arbeitskräften auf Versorgungsbasis; heute auf die Form der Ehe beschränkt. *Anonym*

Slang: der durchgescheuerte Hosenboden der Sprache. *Truman Capote*

Sprache in Rollkragenpullover und Blue Jeans. *Thornton Wilder*

Snob: ein Mann, der sich, wenn er ein Buch lesen will, selbst eins schreibt. *Robert Lembke*

ein Mann, der sich, ohne eine Miene zu verziehen, auf ein Stachelschwein setzt, nur weil man ihm gesagt hat, daß dies ein von Picasso entworfener Stuhl sei. *Stirling Moss*

Snobs: schlechte Kopien eines mißverstandenen Originals. *Loriot*

Leute, die am Käse nur die Löcher mögen, und auch die nicht immer. *Paul Kuhn*

Society: eine Ansammlung von Kopien, die von Originalen gemieden wird. *Oliver Hassencamp*

Sommerfrische: ein Ort, wo sich Frauen nach einem Ehemann umsehen und Ehemänner nach einem Mädchen. *Anonym*

Sommersprossen: Gesichtspunkte, die man küssen kann. *Curt Goetz*

Sondersendungen: Sendungen, die anstelle jener Sendungen kommen, deretwegen man zu Hause geblieben ist. *Robert Lembke*

Sonnenblumen: die Taschenspiegel der Sonne. *Ramón Gómez de la Serna*

Sowjetunion: der größte Pufferstaat zwischen Österreich und China. *Ironimus*

Sozialismus: Teilung der Gewinne ohne Verantwortlichkeit für Verluste. *Elbert Hubbard*

eine Utopie, solange es mehr faule als fleißige Menschen gibt. *Marie von Ebner-Eschenbach*

Loriot

Marie von Ebner-Eschenbach

Spannung: der Zustand, der einen nervös macht, wenn er aufzuhören beginnt. *Anonym*

Spesen: steuerfreies Einkommen, von dem leitende Mitarbeiter ihre Familien ernähren. *Michael Schiff*

Spezialist: ein Arzt, der seinen Patienten beigebracht hat, nur während seiner Sprechzeiten krank zu werden. *Anonym* ein Mann, der immer mehr mit immer weniger verdient, bis er zuletzt alles mit nichts verdient. *Danny Kaye*

Spezialisten: Leute, die immer mehr über immer weniger wissen. *Danny Kaye*

Spiegel: die unheimlichste aller Erfindungen. Woher nehmen die Menschen nur den Mut, da hineinzuschauen? *Brendan Behan*

der vergeßlichste Augenzeuge. *Hans-Horst Skupy*

Spiel: das einzige, was Männer wirklich ernst nehmen. Deshalb sind Spielregeln älter als alle Gesetze der Welt. *Peter Bamm*

Spielen: eine Tätigkeit, die man gar nicht ernst genug nehmen kann. *Jacques Yves Cousteau*

Spinat: Substanz, die auf Kindertellern zum und vom Tisch getragen wird. *Anonym*

Sport: Opium für das Volk. *Percy Cummings*

Spott: die Waffe derer, die keine andere besitzen. *Hubert Pierlot*

Sprache: die Quelle aller Mißverständnisse. *Antoine de Saint-Exupéry*

Sprichwort: eine allgemein bekannte Weisheit, an die sich niemand hält. *Wolfgang Herbst*

Staat: eine Institution, die immer mehr Geld ausgibt als sie einnimmt. In Zeiten guter Konjunktur geschieht dies, um sie zu erhalten, in Zeiten schlechter Konjunktur geschieht dies, um sie zu erzielen. *Helmar Nahr*

Staatshaushalt: ein Haushalt, in dem alle essen möchten, aber niemand Geschirr spülen will. *Werner Finck*

Staatsjagden: organisierter Massenmord an Tieren zur höheren Ehre des Protokolls. *König Frederik von Dänemark*

Staatskunst: die kluge Anwendung persönlicher Niedertracht für das Allgemeinwohl. *Abraham Lincoln*

Peter Bamm

Abraham Lincoln

Staatsmann: ein erfolgreicher Politiker, der tot ist. *Thomas B. Reed*

Stammtisch: in einem bestimmten Lokal ein bestimmter Tisch in einem bestimmten Winkel, an dem zur bestimmten Stunde bestimmte Gäste auf ihrem bestimmten Platz sich niederlassen, um bei Vertilgung einer bestimmten Menge eines bestimmten Getränks aus bestimmten Gläsern über bestimmte Themen zu sprechen und dann zur bestimmten Stunde aufzubrechen, weil man zur bestimmten Zeit zu Hause bestimmt erwartet wird. *Aus den »Fliegenden Bättern«*

Ständiger Begleiter: ein Mensch, der seine Biene niemals im Stich läßt. *Wolfgang Gruner*

Standpunkt: Gesichtskreis mit dem Durchmesser Null. *Anonym*

Star: jemand, der andere überragt, weil er geschickt genug war, auf einen Stuhl zu steigen. *Billy Wilder*

ein Mensch, der überall zu Hause ist, nur nicht bei sich selbst. *Sammy Davis jr.*

ein Mensch, von dem alle wissen, was er gerade tut, ausgenommen seine Frau und seine Kinder. *Rock Hudson*

ein Mensch, den jeder kennt – ausgenommen seine Familie. *Anthony Quinn*

Starlet: ein hübsches Mädchen, das vielleicht eines Tages ein Star wird, ohne jemals eine Schauspielerin gewesen zu sein. *Vivien Leigh*

Starlets: meistens Sternchen, die untergegangen sind, bevor man ihren Aufgang überhaupt bemerkt hat. *Donald Hudson*

junge Damen, die sich noch keine Kleider leisten können und das auch tun. *Peter Sellers*

Statistiker: ein Mensch, der es fertigbringt, daß jemand in einem durchschnittlich 13 cm tiefen See ertrinkt. *Anonym*

Statussymbole: die Rangabzeichen der Zivilisten. *Vance Packard*

Staunen: der erste Schritt zu einer Entdeckung. *Louis Pasteur*

der erste Grund der Philosophie. *Aristoteles*

Stein: häufig für Herzen verwendetes Material. *Ambrose Bierce*

Stellvertreter: Leute, die schon in die Fußstapfen treten, bevor man aus ihnen heraus ist. *Ian McLeod*

ein Mann, der sich jeden Morgen nach unserem Befinden erkundigt und sehr enttäuscht ist, wenn man gut geschlafen hat. *Charles de Gaulle*

Aristoteles

Louis Pasteur

Stenographie: Geheimschrift, die der Chef nicht entziffern kann. *Michael Schiff*

Sternschnuppe: eine Masche am Strumpf der Nacht.
Ramón Gómez de la Serna

Steuern: ein erlaubter Fall von Raub. *Thomas von Aquin*

Steuerzahler: ein Mensch, der kein Examen abzulegen braucht, um für die Regierung arbeiten zu dürfen. *Anonym*

Stiftungen: Schweigegelder für das Gewissen. *Upton Sinclair*

Stil: richtiges Weglassen des Unwesentlichen. *Anselm Feuerbach*

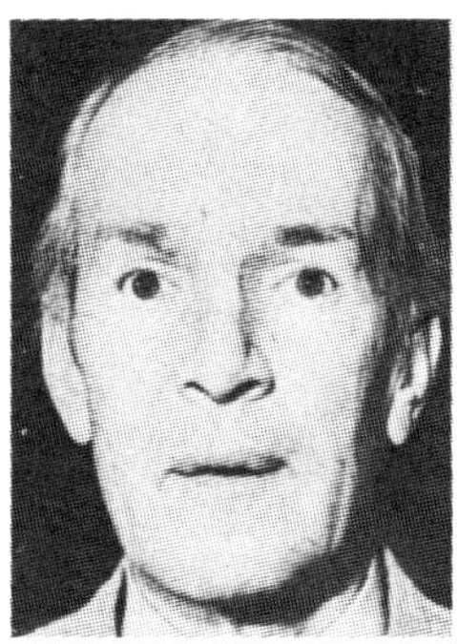
Upton Sinclair

Anselm Feuerbach

die Fähigkeit, komplizierte Dinge einfach zu sagen – nicht umgekehrt. *Jean Cocteau*

Stille: die größte Offenbarung *Anonym*

das Atemholen der Welt. *Fridel Marie Kuhlmann*

Stiller Teilhaber: ein Mann, der keinen Krach schlägt, wenn er sein Geld verliert. *Henry Ford II.*

Stimmungskanonen: Leute, die zum Schießen sind, obwohl man sich nicht erinnern kann, sie geladen zu haben. *Axel von Ambesser*

Stimmzettel: ein Dolch aus Papier. *Lloyd George*

Stolz: die Freude, die dem Mann entspringt, der zuviel von sich hält.
Baruch de Spinoza

Stoßstange: aller Laster Anfang. *Anonym*

Sträflinge: Leute, die »in« sind, obwohl sie viel lieber »out« wären. *David Frost*

Strand: ein Gelände, auf dem junge Damen einen Ehemann suchen und Ehemänner eine junge Dame. *Alberto Sordi*

Stripperin: eine, die zum Schlafen mehr anhat als zum Arbeiten. *Cedric Dumont*

Stripperinnen: junge Mädchen, die sich so lange unanständig ausziehen, bis sie es sich leisten können, sich anständig anzuziehen. *Peter Ustinov*

Striptease: die Verwandlung von Mädchen aus brutto in netto. *Arthur Maria Rabenalt*

Anatomieunterricht mit Musik. *Frank Sinatra*

Striptease-Girls: Mädchen, die sich öffentlich in ihre Intimsphäre zurückziehen. *Ronald Clarke*

Striptease-Tänzerin: eine junge Dame, die überwiegend mit Zigarettenrauch bekleidet ist. *Anonym*

eine Frau, die zum Ausziehen dreimal so lange braucht wie andere Frauen zum Anziehen. *Peter Sellers*

Dame mit Blößenwahn. *Anonym*

Studienzeit: die Erholungszeit, die einem Mann zwischen seiner Mutter und der Ehefrau bleibt. *Anonym*

Subventionen: wirtschaftspolitischer Denkmalschutz. *Helmar Nahr*

Subventionen empfangen: die Kunst, so lange zu jammern, bis einem die Fettpolster als Hungerödeme angerechnet werden. *Raymond Leclere*

T

T: der Hammer des Alphabets. *Ramón Gómez de la Serna*

Tabak: Rauchopfer, das Gott Fiskus dargebracht wird. *Anonym*

Takt: etwas, das kaum bemerkt wird, wenn man es hat, das aber sofort auffällt, wenn man es nicht hat. *Käte Haack*

die innere Uhr, die uns sagt, wieviel es geschlagen hat. *Maurice Chevalier*

die Kunst, etwas deutlich zu machen, ohne sich Feinde zu schaffen. *Anonym*

wenn ein Mann sicher ist, daß er recht hat, aber trotzdem seine Frau fragt, wie er sich verhalten soll. *Anonym*

die schwierige Kunst, die brutale nackte Wahrheit anständig und sauber zu verkleiden. *Marlene Dietrich*

der ungesagte Teil dessen, was du denkst. *Henry van Dyke*

die Kunst des Überhörens. *Hans Söhnker*

die Fähigkeit, zu verbergen, wieviel wir von uns selbst und wie wenig wir von anderen halten. *Anonym*

Tango: zwei ernste Mienen und vier Beine, die sich amüsieren. *Carlo Labin*

Tanz: ein Telegramm an die Erde mit der Bitte um Aufhebung der Schwerkraft. *Fred Astaire*

Tanzschüler: ein Herr, der meistens nicht auf seinen eigenen Füßen steht. *Anonym*

Tapferkeit: ein Anfall, der bei den meisten Menschen schnell vorübergeht. *Mark Twain* ein Widerspruch in sich. Sie ist der mächtige Wille, am Leben zu bleiben, gekleidet in die Bereitschaft zu sterben.

Gilbert Keith Chesterton

Gilbert Keith Chesterton

Marlene Dietrich

Taschenlampe: Behälter für leere Batterien. *Anonym*

Tatsachen: die Todesursache vieler Theorien. *John Cedrington*

Tauchen: der einzige Sport, den man nicht von Grund auf erlernen sollte. *Werner Mitsch*

Taxameteruhr: eine Vorrichtung, die anzeigt, wie schnell man nicht vom Fleck kommt. *Anonym*

Teamwork: wenn fünf Leute für etwas bezahlt werden, was vier billiger tun könnten, wenn sie nur zu dritt wären und zwei davon verhindert. *Charles Saunders*

Teenager: Mädchen, die mehr über die Pille wissen als ihre Mütter über die Geburt. *Dustin Hoffmann*

Jugendliche, die schon abends um 8 ins Bett gehen, weil sie um 10 wieder zuhause sein müssen. *Anonym*

ein junges Mädchen, das die Vergangenheit noch vor sich hat. *Anonym*

Teleobjektive: die Artillerie der Indiskretion. *Georges Pompidou*

Tempolimit: für viele männliche Autofahrer so etwas wie eine amtlich verfügte Potenzminderung. *Silvia Mingotti*

Theke: der Rangierbahnhof der menschlichen Seele, ein Bebra des Gemüts auf der Fahrt von des Tages Mühe in den Frieden der Nacht. *Peter Bamm*

Theologie: der Versuch, in einem dunklen Zimmer eine schwarze Katze zu fangen, die gar nicht drin ist, und dabei zu rufen: »Ich hab' sie!«. *Pablo Cruz*

Tiere: die unterhaltsamsten Stars im Fernsehen. *Rochus Bassauer*

Toleranz: die Tugend des Mannes, der keine Überzeugungen hat. *Gilbert Keith Chesterton*

ein anderes Wort für Gleichgültigkeit. *William Somerset Maugham*

Totschweigen: Mord ohne Blutvergießen. *Stephen Spender*

Tourismus: die Völkerwanderung der Neuzeit. *Halldór Laxness*

der unstillbare Drang des Menschen, für teures Geld im Ausland immer wieder bestätigt zu bekommen, daß es nirgendwo so schön ist wie zu Hause. *Brian Tuck*

Touristen: Reisende, die ihren Besitz verbrauchen, um sich den Besitz anderer anzusehen. *Ernst Heimeran*

Tradition: das System, das verhindern will, daß Kinder ihre Eltern übertreffen. *Ephraim Kishon*

Georges Pompidou

Halldór Laxness

Träume: eine Art Fernsehen im Schlaf. *Alberto Sordi*

Treue: eine Tugend, die man oft beweisen soll, aber nicht immer. *Omar Sharif*

eine Tugend, die jenen eigentümlich ist, die wissen, daß sie bald betrogen werden. *Ambrose Bierce*

Trick: eine Verhaltensweise, die nur dann erlaubt ist, wenn sie gelingt. *Arno Sölter*

Trotz: eine jugendliche Form von Alters-Starrsinn. *Anonym*

Tugend: die Gewerkschaftsbewegung der Verheirateten. *George Bernard Shaw*

eine Eigenschaft, die nie so angesehen war wie das Geld. *Mark Twain*

Tugenden: meist nur verkleidete Laster. *François de La Rochefoucauld*

die Pflichten, denen wir uns nicht zu entziehen wagen. *Henry Miller*

die Laster der Mehrheit. *Jean Genet*

U

Überredungskunst: wenn ein Vertreter einem Bauern für seine einzige Kuh eine Melkmaschine verkauft und die Kuh in Zahlung nimmt. *Anonym*

Übersetzer: schlecht bezahlter Sklave, der einen Text aus einer Fremdsprache in eine Sprache übersetzt, die eine entfernte Ähnlichkeit mit der deutschen Sprache hat. *Hans Weigel*

Übertreibung: eine Wahrheit, die die Geduld verloren hat. *Khalil Gibran*

Überzeugungen: Krankheiten, die durch Begeisterung übertragen werden. *Siegfried Lenz*

Uhu: gefiederte Katze. *Ramón Gómez de la Serna*

Unaufrichtigkeit: eine Lüge, die noch in die Schule geht. *Wolfram Weidner*

Understatement: ein beliebtes Vergrößerungsglas für die eigene Größe. *Peter Ustinov*

die seltsame Lust der Engländer, einen Elefanten als Maus auszugeben und dafür auch noch Glauben zu finden. *Norman Mailer*

Das Unendliche: dort, wo Dinge geschehen, die es nicht gibt. *Definition eines Schülers*

Unentschlossenheit: ein Charakterfehler, zu dessen Korrektur sich die meisten nicht entschließen können. *Anonym*

Ungeduld: die einzige Eigenschaft der Jugend, deren Verlust man im Alter nicht beklagt. *Frank Thieß*

Universalgenie: ein Mann, der von immer mehr Dingen immer weniger weiß, bis er schließlich von allem nichts versteht. *Anonym*

Universität: ein Ort, wo Kieselsteine geschliffen und Diamanten getrübt werden. *Robert Green Ingersoll*

Unkraut: alles, was nach dem Jäten wieder wächst. *Mark Twain*

die Pflanzen, deren Vorzüge noch nicht erkannt worden sind. *Ralph Waldo Emerson*

Das Unmögliche: das, was man nie versucht hat. *Anonym*

Unordnung: die Wonne der Phantasie. *Paul Claudel*

Unsinn: die Einwände, die gegen dieses hervorragende Wörterbuch vorgebracht werden. *Ambrose Bierce*

Unterhaltung: alles, was im Fernsehen nicht langweilt. *Hans Rosenthal*

Frank Thieß

Paul Claudel

Urlaub: Freizeit, die man den Arbeitnehmern gewährt, um sie daran zu erinnern, daß das Unternehmen auch ohne sie auskommt. *Anonym*

V

Vater: ein Mann, der etwas geleistet hat, das Hand und Fuß hat. *Anonym*

Vaterlandsliebe: erweiterte Familienliebe. *Marie von Ebner-Eschenbach*

Vegetarier: ein Mensch, der es ablehnt, Tiere zu schlachten – und ihnen dafür das Futter wegißt. *Anonym*

ein Mensch, der kein tierisches Leben ißt, das man ohne Mikroskop sehen kann. *Anonym*

Venedig: zweifellos die schönste Wasserleiche Europas. *Peter Frazer*

die zweite Enttäuschung der Braut auf der Hochzeitsreise. *Anonym*

Verbindungen: das, was man zu haben glaubt, bis man sie ausnutzen muß. *Anonym*

Verehrung: das, was der Mensch für Gott und der Hund für den Menschen empfindet. *Ambrose Bierce*

Vererbung: biologische Tatsache, die du anerkennst, wenn deine Kinder lauter Einsen aus der Schule mit nach Hause bringen. *Anonym*

Vererbungslehre: eine Wissenschaft, die in erster Linie von den Müttern schöner Töchter und den Vätern kluger Söhne anerkannt wird. *Anonym*

Vergangenheit: ein Sprungbrett, nicht ein Sofa. *Harold Macmillan*

der Teil unseres Lebens, der immer größer und schöner wird. *Anonym*

H. Macmillan

Evelyn Waugh

Vergessen: die Kunst, Bewußtes unbewußt zu machen. *Hans Lohberger*

die wohlfeilste Methode, seine Vergangenheit zu bewältigen. *Friedrich Luft*

Vergeßlichkeit: eine Alterserscheinung, die sich mit Hilfe von Sigmund Freud in eine Jugendsünde verwandeln läßt. *Anonym*

Verhältnis: zwei Menschen, die verheiratet sind, aber nicht miteinander. *Anonym*

Vereinte Nationen: ein Forum, auf dem ein Zwergpinscher jederzeit einen Elefanten anpinkeln kann. *Joao Filhes*

Verkehrsampel: schüchternes Wesen, das rot wird, wenn man näher kommt. *Anonym*

Verleger: einer, der aufgrund übereinstimmender Aussagen von Autoren und Buchhändlern die alleinige Schuld am Mißerfolg eines Buches trägt. *Hans Weigel*

Verlobung: das Versprechen, nicht auseinanderzugehen, solange man nicht zusammengekommen ist. *Karl Farkas*

eine sinnvolle Einrichtung, eine Art Ausnüchterungszelle für Berauschte. *Evelyn Waugh*

Vernunft: manchmal nichts anderes als Mut zur Feigheit. *George Bernard Shaw*

Verrat: in der Politik in erster Linie eine Frage des Datums. *Talleyrand*

Versager: ein Mann, der Fehler gemacht hat und nicht fähig ist, Nutzen aus der Erfahrung zu ziehen. *Anonym*

Versicherung: ein geniales modernes Glücksspiel, bei dem sich der Spieler der angenehmen Überzeugung hingeben darf, den Mann, der die Bank hält, zu schlagen. *Ambrose Bierce*

Verstand: ein Hemmungsapparat gegen das Sofortreagieren auf das Instinkturteil. *Friedrich Nietzsche*

Versuchung: ein Parfüm, das man solange riecht, bis man die Flasche haben möchte. *Jean-Paul Belmondo*

Vertreter: Überredungskünstler auf Provisionsbasis. *Alfred Horné*

Verunglimpfung: Satire, wie Dummköpfe und alle anderen Geistesbehinderten sie verstehen. *Ambrose Bierce*

Volkswirt: ein Mann, der mehr von dem Geld versteht, das er nicht hat, als derjenige, der es hat. *Anonym*

Volkswirtschaftler: einer, der alle Lösungen für die Probleme des vergangenen Jahres kennt. *Anonym*

Vorahnung: das Vorgefühl von etwas Unangenehmem, wenn man um drei Uhr morgens nach Hause kommt und im Schlafzimmer der Ehefrau Licht sieht. *Ambrose Bierce*

Vorlesung: jener Vorgang, bei dem die Notizen des Lehrers zu Notizen des Schülers werden, ohne daß sie den Geist der beiden passieren mußten. *Mortimer J. Adler*

Vorschußlorbeeren: wenn man einer Frau am frühen Abend rote Rosen schenkt. *Andreas K. Heyne*

Vorsicht: die Einstellung, die das Leben sicher macht, aber selten glücklich. *Samuel Johnson*

Talleyrand

Samuel Johnson

Vorurteil: ein Irrtum, der Wurzeln geschlagen hat. *Martin Held*

Vorurteile: ein Blumenstrauß, den man wenigstens von Zeit zu Zeit neu arrangieren sollte. *Luther Burbank*

Voyeurs: Männer, die nur noch besichtigen, weil sie nichts mehr beabsichtigen. *Helen Vita*

W

Wahl: eine Entscheidung für das vermeintlich geringere Übel. *Anonym*

Wahlen: eine Veranstaltung zur Überprüfung der demoskopischen Vorhersagen. *Robert Lembke*

die Rache des Bürgers. *Lloyd George*

Wahlkampf: die Kunst, nur das zu versprechen, was man sowieso nicht halten muß. *Carlo Franchi*

Wahrheit: eine scheue Geliebte; man besitzt sie niemals ganz. *Hermann Bahr*

der Name, den wir unseren wechselnden Irrtümern geben. *Rabindranath Tagore*

die Lüge, die am angenehmsten zu glauben ist. *Henry Louis Mencken*

Wasserball: ein harter Sport – vor allem für Nichtschwimmer. *Peter Frankenfeld*

Weihnachtszeit: die Zeit, in der man für andere Leute Dinge kauft, die man sich selbst nicht leisten kann. *Anonym*

Weltgeschichte: eine Verschwörung der Diplomaten gegen den gesunden Menschenverstand. *Arthur Schnitzler*

Rabindranath Tagore

John Osborne

Weltverbesserer: Leute, die sofort das ganze Haus einreißen, wenn eine Tür quietscht. *Gustav Knuth*

Leute, die um die Erkenntnis nicht herumkommen, daß es leichter ist, einen neuen Menschen zu machen, als die vorhandenen zu verbessern. *John Osborne*

Werbung: ein Versuch, den Menschen von seinem Geld zu trennen. *John B. Priestley*

Wetter: eine von Gott geschaffene Einrichtung zur Widerlegung der Meteorologen. *Ralph Boller*

Whisky: ein probates Mittel, den Geschmack von Wasser zu verbessern. *Anonym*

Wiener: ein mit sich sehr unglücklicher Mensch, der den Wiener haßt, aber ohne den Wiener nicht leben kann. *Hermann Bahr*

eine Mischung aus tückischen Hausmeistern und genialen Begabungen. *Josef von Ferenczy*

Wilde Ehe: meistens ein ziemlich ruhiges Konkubinat. *Wolfgang Gruner*

Wille: Charakter in Aktion. *Anonym*

Wirklichkeit: eine Sense für Ideale. *Helmut Qualtinger*

Wirtschaftsgeld: etwas, womit eine Frau nur auszukommen versucht, um ihrem Mann zu beweisen, daß es unmöglich ist. *Marianne Koch*

Wirtschaftsplan-Beratungen: die Kunst, Enttäuschungen gleichmäßig zu verteilen. *Maurice Stan*

Wirtschaftswissenschaft: das einzige Fach, in dem jedes Jahr auf dieselben Fragen andere Antworten richtig sind. *Danny Kaye*

Wissenschaftler: ein Mann, der lieber zählt als vermutet. *Anonym*

Wissensdrang: wenn die Neugier sich auf ernsthafte Dinge richtet. *Marie von Ebner-Eschenbach*

Witz: die Waffe der Wehrlosen. *Peter Wapnewski*

Intellekt auf dem Bummel. *Oscar Wilde*

Wohlstand: die Summe des Überflüssigen, ohne das man nicht mehr auskommen kann. *Gustav Knuth*

Wohltätigkeit: weggeben, was man nicht brauchen kann. *Cedric Dumont*

Wohnung: Räumlichkeiten, in denen Kinder warten, bis der Vater den Wagen nicht braucht. *Anonym*

Wort zum Sonntag:die Predigt, die denen, die sie am Sonntag verpassen, schon am Samstag verpaßt wird. *Anton Neuhäusler*

Wunsch: ein Wille, der sich selbst nicht ganz ernst nimmt. *Robert Musil*

X

X: der Klappstuhl des Alphabets. *Ramón Gómez de la Serna*

Z

Zahnarzt: der einzige Mann, der eine Frau jederzeit zum Schweigen bringen kann, obwohl sie ihm die Zähne zeigt. *Hannes Wühr*

Zank in der Ehe: die Schneedecke, unter der sich die Liebe warm hält. *Jean Paul*

Zebra: ein Tier, das sein Röntgenbild außen trägt. *Ramón Gómez de la Serna*

Zeichnen: die Kunst, Striche spazierenzuführen. *Paul Klee*

Zeit: ein guter Arzt, aber ein schlechter Kosmetiker. *William Somerset Maugham*

Gottes Art, Kredit zu geben. *Ralph Boller*

eine große Lehrerin. Schade nur, daß sie ihre Schüler umbringt. *Curt Goetz*

Zeitung: heute aktuell, morgen Wurstpapier, in zwanzig Jahren Kulturgeschichte. *Paul Fechter*

Curt Goetz

Paul Fechter

Zement: ein Stoff, der nicht eher hart wird, als bis ein Hund oder ein kleiner Junge darüber gelaufen sind. *Anonym*

Zensor: ein Mann, der für seine schmutzigen Gedanken bezahlt wird. *John Trevelyan*

Zensur: geheime Empfehlung durch öffentliches Verbot. *Dieter Hildebrandt*

eine Methode, die besten Stellen für sich zu behalten. *Robert Lembke*

Zeremonien: eine Erfindung der Klugen, um die Dummköpfe auf Distanz zu halten. *Richard Steele*

Zitat: die fehlerhaft wiedergegebenen Worte eines anderen. *Ambrose Bierce*

Zitronenfalter: jemand, der Südfrüchte platzsparend verpackt. *Anonym*

Zivilisation: die Bremse, die wir in unseren Triebwagen eingebaut haben. *Ilona Bodden*

die Eskimos bekommen warme Wohnungen und müssen arbeiten, um Geld für Kühlschränke zu verdienen. *Gabriel Laub*

Zivilcourage: das, was von einem Menschen übrigbleibt, wenn der Vorgesetzte das Zimmer betritt. *Wernher von Braun*

Zorn: ein Windstoß, der die Lampe des Verstandes auslöscht. *Anonym*

eine in Fahrt geratene Verstimmung. *Heinrich Wiesner*

ein kostspieliger Luxus, den sich nur Menschen von einem bestimmten Einkommen an leisten können. *George William Curtis*

Zucker: ein weißer Stoff, der dem Kaffee einen schlechten Geschmack verleiht, wenn man vergißt, ihn hineinzutun. *Definition eines Schülers*

Zufall: ein unvermeidliches Vorkommnis, das auf unabänderlichen Naturgesetzen beruht. *Ambrose Bierce*

Zukunft: die Ausrede all jener, die in der Gegenwart nichts tun wollen. *Harold Pinter*

etwas, das die meisten Menschen erst lieben, wenn es Vergangenheit geworden ist. *William Somerset Maugham*

Zukunftsforschung: die Kunst, sich zu kratzen, bevor es einen juckt. *Peter Sellers*

Zunge: eine Waffe, die durch häufigen Gebrauch schärfer wird. *Washington Irving*

Zwangsvorstellung: Theaterabend im Abonnement. *Anonym*

Zwangsvorstellungen: die Theaterbesuche eines Kritikers. *Robert Lembke*

Zweifel: das Wartezimmer der Erkenntnis. *Anonym*

Henry Want Beecher

Sean Genet

Zweitehe: der Triumph der Hoffnung über die Erfahrung.
Samuel Johnson

Zweiter Advent: ein Schotte mit einer Kerze vor einem Spiegel. *Anonym*

Zyankali: das Salz des Ablebens. *Anonym*

Zyniker: ein Mensch, der die Dinge sieht, wie sie sind, und nicht, wie sie sein sollten. *Ambrose Bierce*

wer niemals eine gute Eigenschaft eines Menschen sieht, wohl aber jede schlechte. *Henry Ward Beecher*

ein Mensch, der an nichts glaubt und alle anderen zu seinem Glauben bekehren möchte. *Anonym*

Zynismus: der geglückte Versuch, die Welt so zu sehen, wie sie wirklich ist. *Jean Genet*

Auf den folgenden Seiten
finden Sie
weitere Hinweise
auf Bücher
aus dem Eichborn Verlag

Renitentes Volksmaul
Eine Sammlung, die es bisher nicht gab: derbe, aufmüpfige, listige, zweideutige, gescheite, erfrischende, aggressive und lustige Sprichwörter. — **Über 1200** gebrauchsfertige Sentenzen, die der Rede Würze geben.
16,80 DM (1083)

Schönfärber erbleichen

Das **Wörterbuch wider die rhetorische Unzucht** hat dem Schiefsinn in öffentlicher wie privater Rede den Kampf angesagt. Die Autoren untersuchen, was in modisch aufgeputzten Wörtern steckt, wo solide Dummheit rhetorisch Eindruck schinden will und wie süßes Geschwätz schlimmes Handeln überzuckern soll. **Viele treffende Kurz-Definitionen wechseln mit hintersinnigen Mini-Essays ab.** — Ein Wörterbuch, das sich aus Quellen humanistischer Bildung speist, ein Buch voller Anspielungen, Witz und Ironie.

16,80 DM (1096)

Die schönste Freude ist die...
Irre Flops, peinliche Mißgeschicke, gigantische Reinfälle — hier gibt's beste **Schadenfreude** en masse. Der *Westdeutsche Rundfunk:* »Seit es das *Lexikon der Niederlagen* gibt, kann das *Guinness-Buch der Rekorde* einpacken.« **Tausend Lacher für**
16,80 DM (1082)

Zwei Beispiele aus dem Inhalt:

Bildungsoffensive: Attacke auf die grundgesetzlich garantierte Unbelehrbarkeit, die, wie die wenigen Einsichtigen wissen, zum Scheitern verurteilt ist, da des Feindes Zahl Legion und jeder von ihnen unbesiegbar ist.

Wende: Politikerpirouette. Hat mit der aus Eiskunst-, Rollschuhlauf und Tanz bekannten Figur gemeinsam, daß man sich um seine eigene Achse dreht, und zwar bei Politikerpirouetten so lange, bis man derart benommen ist, daß man nicht mehr weiß, wo vorne und hinten ist und, frohgemut vorwärtsschauend, nach rückwärts torkelt.

Die hinterletzten Englisch-Briefe — and Other English for Runaways

Da sind sie endlich: die lang erwarteten Briefe in Original-Kitchen-English. Titel: **The Afterlast English Letters.** Wahnsinn! — der Briefwechsel zwischen der ostfriesischen Mutter und ihrem nach USA ausgewanderten Sohn. Toll, die Kündigungs-, Bestell- und Reklamationsschreiben, die Zeugnisse, Gebrauchsanweisungen und Empfehlungsbriefe. — Wer *Heinz G. Heigens* **Runaways** entzückt auf der Zunge zergehen läßt, wird die verballhornten Englisch-Briefe als Lach- und Schmunzelschatz hüten, like a eye-apple.

Die hinterletzten Englisch-Briefe. 10,— DM (1877)

Unser Beispiel: Ein Brief an den Gebrauchtwagenhändler

Dear Mr. used car:
You sell me used car. I buy used car. Car cost lot of money.
But car no car. Car shit.
You say car very strong, power motor.
Nix strong, nix power.
Only tucker, tucker.
Kruzifix!! Not pay money for Schrott-car.
First drive, left door ab.
Nochmal drive, out-puff ab.
Car is no car. Car is Traktor.
Next drive, Rad ab.
Blinker goes not, goes, goes not, goes . . . .
Last drive, Lenkrad ab.
Fast Kopf ab.
Your car very dangerous, say the police.
Only for people which are life-tired.
You not send flowers to hospital.
You send money back.
I send car back.
Sonst Bart ab.

I have the honour.

Gag-Englisch
Die Kunst der Englisch-Verballhornung greift epidemisch um sich. Wir liefern das Buch zur Seuche; mit besten Gags und Zeichnungen. — Los geht's: Laden Sie Ihre Freunde zur »Gockel-Schwanz«-Party (Cocktail) ein! **10,— DM** (1810)

Mehr Gag-English for Fans
This kitchen-english is strong tobacco. Aus Tausenden von Einsendungen sind hier die besten neuen Übersetzungs-Gags zusammengestellt. Tolle Zeichnungen und jede Menge Stoff zum Lachen, zu Hause und im Büro. **10,— DM** (1817)

Ohne saftigen Haß gibt's keine lustvolle Versöhnung

Damit jeder *full speed* mitten in die Turbulenzen des Lebens steuern kann, haben wir den zwischenmenschlichen Haßbereich total abgedeckt. Mit unseren nützlichen Ratgebern: **Das fröhliche KinderhasserBuch, Das fröhliche MännerhasserBuch, Das fröhliche FrauenhasserBuch.** — Bedient Euch!

Gegen kleine Nervensägen
Ratgeber, wie man sich die unverschämten, kleinen Krachmacher vom Hals hält. Zynische Tips, bittersüße Bilder. Mit **Kinderhasser-Lexikon!** Balsam für geplagte *Pädagogen, Eltern* etc.
10 DM (1816)

Geschlechterkampf tobt 2
Völlig klar! Der *Vormarsch der Frauen* geht rasant weiter. Wegweiser ist das bitterböse **Männerhasserbuch.** — Massenhaft *griffige* Hinweise in Wort und Bild, wie frau die Männer windelweich und klitzeklein kriegt. **Emanzipierte 10,— DM** (1821)

Geschlechterkampf tobt 1
Endlich! Jetzt können sich die armen, unterdrückten *Chauvis* wehren. Mit dem anwendungsaktiven **Frauenhasserbuch.** — Tausend Tips in Wort und Bild, wie mann das nervtötende Weib matt setzt. *Softer* Preis: **10,— DM** (1822)